60歳からの知ってお[illegible]地政学

髙橋洋一
Yoichi Takahashi

帯写真　難波雄史
構　成　岡田光雄・大根田康介

目次

終　章　喫緊に迫る「危機」と未来の「希望」…………………… 223

朝鮮半島の「南北道路爆破」は嵐の前触れ／北朝鮮のウクライナ派兵で

「ダブル有事」／おわりに

本書は、２０２４年11月中旬までの情報に基づき執筆されています。

序章　「戦争を知る」ことが地政学

はじめに

米中対立にウクライナ戦争と、世界ではまだまだ紛争が絶えず、これらが第3次世界大戦の引き金になるとさえいわれている。ロシアや中国といった大国の指導者こそ変わらないが、今年11月には米国の大統領選挙、その前後では日本でも自由民主党総裁選挙と衆議院解散総選挙が行われたばかりだ。

とりわけ60歳以上の読者にとっては、これまでの60年間の人生の中でも、世界の情勢や日本の外交政治が大きく変わる転換期といえる。中には60歳で定年を迎え、あとはのんびり余生を過ごせばいいという人もいるだろう。だが、日本はいつ戦争に巻き込まれるかわからず、決してひとごとではない。

「日本にとって何が正しく、どう行動すべきか?」それを知るために有効な学問が、「地政学」だ。本書では、中国、ロシア、欧州、米国といった大国を地政学的に解説するのはもちろんのこと、インドをはじめとした経済成長著しい新興国、さらには日本でも昨今問題になっている移民政策についても解説していきたい。

国が求めるのは「より広く、より良い土地」

世界はいま、争乱に満ちている。２０１４年のクリミア併合から8年後の２０２２年、ロシアは「特別軍事作戦」と称して本格的にウクライナへの侵略を始めた。

また、２０２３年にはイスラエルとパレスチナ自治区のガザ地区で戦争が勃発した。すでに数万人の死者が出たという情報もある。イスラエルは２０２４年に入り、さらにレバノンに対しても空爆を行い、緊張感が高まっている。

日本の隣国である中国は、20年以上前から台湾や日本の尖閣諸島を「核心的利益」と位置づけ、触手を伸ばしてきた。同じく核心的利益の対象としているウイグル、南シナ海、香港ですでに成果を出してきたから、台湾・尖閣でも妥協することは考えられない。

さらに、中国は南シナ海のスプラトリー諸島（南沙諸島）を巡り、フィリピンと領有権を争っている。２０２４年4月から、フィリピンは「中国が排他的経済水域（ＥＥＺ）内にあるサビナ礁で埋め立てを始めた」と主張して巡視船を配備していたが、同年8月にそのフィリピン船に中国船が衝突。たびたびこうした小競り合いが起こっている。

各国が覇権の拡大を虎視眈々《たんたん》と狙っている情勢の中、世界には様々な変化が起こっている。日本はこれらの国々とどう向き合い、世界の外交舞台でどう立ち回るべきか。

かつて「世界の警察官」だった米国は、自信たっぷりに自国のロジックを振りかざしてきたが、そんな同国と日本は東アジア戦略で最も信頼できる同盟関係を築きあげてきた。台湾・尖閣で万が一の事態が起きた場合に備え、日本は防衛力の強化を最優先にするべきであり、これは米国からいわれるまでもなく重要な課題だ。

そうした状況の中で２０２４年10月、日本では岸田文雄政権から石破茂政権へ移行し、直後の衆議院解散総選挙で与党が過半数割れを起こして不安定な政局を迎えた。また米国でも11月に大統領選挙があり、ドナルド・トランプが大統領に再選した。

世界の情勢、日本の外交政治は大きく変わりつつあるのだ。

人類の歴史をさかのぼると、かつて「国家」や「国境」という概念は存在していなかった。時代が進むにつれて、人々は集団に分かれて行動するようになり、同族意識が芽生えた。それに伴って「領土」の概念が生まれ、土地を巡る争いの引き金となった。

こうして原始社会から文明が発達するにつれて、国家が形成された。その後、人々は「民族」や「国家」という単位でアイデンティティを持つようになり、君主や政治家といった国のまとめ役が登場。自国や民族の利益を守るべく行動するようになった。

歴史は偶然に作られたものではない。様々な出来事の背景には、常に国家の思惑、目論見、野心が存在している。世界史は、そうした国家間の複雑な絡み合いや対立によって作られてきた。そのため国家や民族、国境を巡る戦争の歴史を理解することが、現代社会を生き抜くための知恵に直結することは確かだ。

領土やその周辺地域の地理的条件が一国の政治、軍事、経済に影響を与える。領土は国家同士が争って奪い合ってきたものであり、戦争とは切っても切り離せない。

戦争の歴史を学ぶ際、壮大なドラマを思い描く必要はない。細かな知識もそれほど重要ではない。必要なのは、年号と出来事で事足りるくらい淡々と事実関係を把握する姿勢であり、大まかな流れを理解する視点だ。

情緒を交えずに世界の戦争を大局的に見直せば、現代の世界がなぜこのようなかたちになったのかが理解できる。その大きな要因の一つが地理的条件だ。国家の野心とは領土に関わる野心であり、戦争とは「より広く、より良い土地」を求める争いだからだ。

戦争史と地理的条件を分析するのが地政学

そして、世界で起こっている事象を深く理解するための一つの視点が、「地政学」だ。

簡単にいえば、世界の戦争の歴史を知ること、そして国や地域が置かれた地理的条件から物事の深層を考えるという学問である。

たとえば、日本が地理的にユーラシア大陸の近くに浮かぶ小さな島国でなければ、その歴史は全く異なっていただろう。あるいは、朝鮮半島がユーラシア大陸と陸続きであることは、韓国の「二股」や「コウモリ」と呼ばれる外交姿勢に影響を与えてきた。

戦争は、一国の危機意識や戦略思考が目に見えるかたちで現れたものだ。全ての戦争には、地理的条件による各国の切実な事情が絡んでいる。戦争を知ることが地政学であり、この視点をもって世界を見つめることが世界の深層をとらえる力に繋がるのだ。

地政学的に各国の動向をとらえることで、それぞれの国が抱える重要な事情が見えてくる。これにより、大局的な視点から物事を考えられるようになる。それこそが真のグローバル思考であり、この国の今後の戦略を考える上で重要な視点となる。少しでも戦争を回避するために、次章より近現代から現在に至るまでの世界の対立状況を地政学的に解説していく。

第1章　「イデオロギー」の冷戦時代

海洋覇権国家「世界の警察官」の変遷

第2次世界大戦が終結した1945年以降、米国は「世界の警察官」と呼ばれたが、もともとこれは英国に対して使われていた言葉だ。世界の警察官とは、世界的な覇権を目指すような国家を表している。

英国が世界の警察官たりえたのは、圧倒的な海軍力があったからだ。

特に近代以降、地政学的に重要なのは「陸よりも海」といわれており、海を制する海洋国家こそが覇権を握る。そして、航海技術の発展により、欧州諸国の中でも力を付けていた国々は外洋に目を向け始めた。海の向こうにある豊かな土地を手に入れて植民地化し、貿易を支配することで栄えられると考えたのだ。

19世紀半ばから20世紀初頭は、古代ローマ帝国が繁栄していた時期を指す「パクス・ロマーナ」になぞらえて「パクス・ブリタニカ」と呼ばれている。これは英国が産業革命と植民地政策によって他の欧州諸国を圧倒し、比較的平和な時代が続いたことを指す。

英国の覇権を支えたのは、生産力と植民地政策、そして圧倒的な海軍力だった。海を制し、インドをはじめとする海の向こうの国々を支配して覇権国家となったのだ。

第1次世界大戦直前の英国の領土・植民地

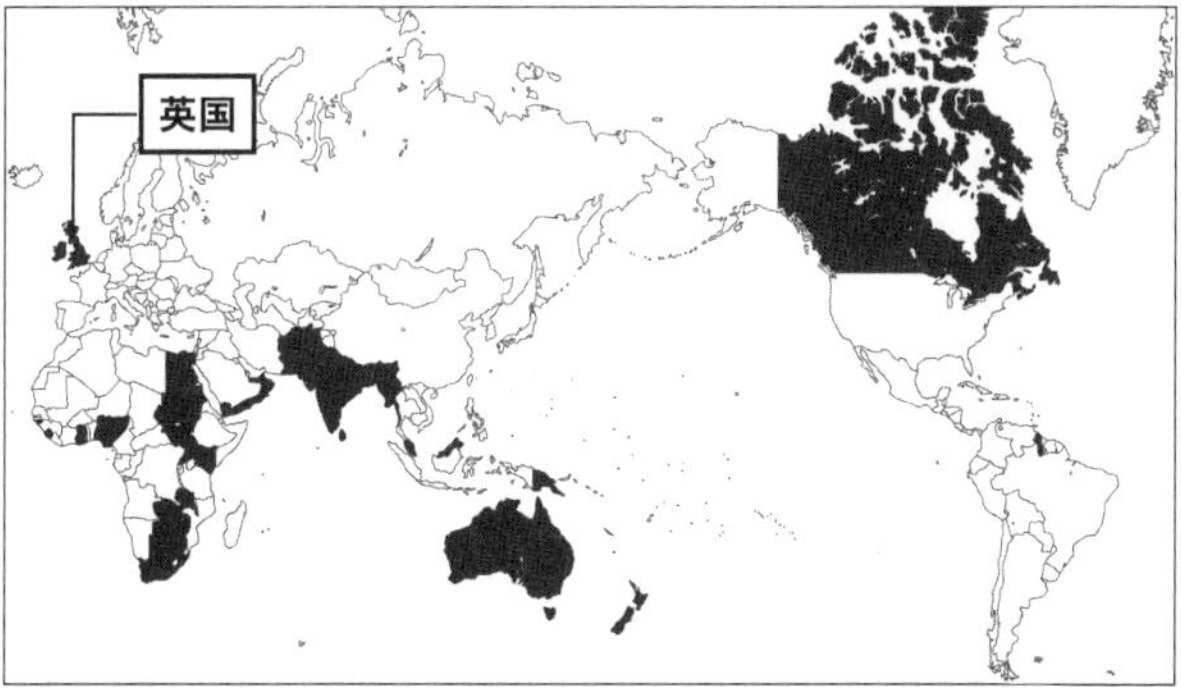

（編集部で作成）

現在までの米国の同盟国

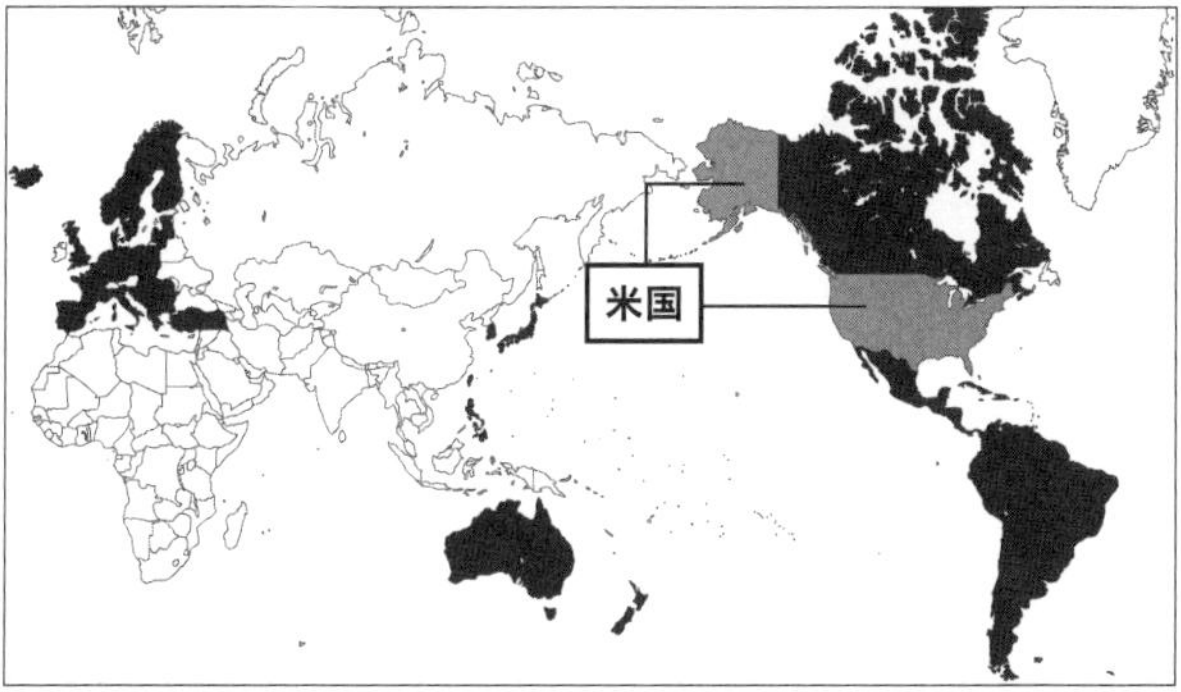

（編集部で作成）

そんな英国の帝国主義的な拡張に対して不満を抱く国が現れた。筆頭はドイツで、その結果として第1次世界大戦が起こった。

もう一つ、海を制した覇権国家の例が米国だ。大西洋と太平洋に挟まれ、隣接する国家は南側のメキシコと北側のカナダのみ。米大陸自体が巨大で大海に挟まれた島のような存在だったため、米国は陸続きの南北さえ押さえれば安泰だった。現に、これまで米国本土は内戦以外の戦争で戦地になったことはない。

また、米国は英国と独立戦争や米英戦争を経ても長い協力関係を築いた。第2次世界大戦後には日本や北大西洋条約機構（ＮＡＴＯ）加盟国とも同盟を結び、世界中に同盟関係を形成。英国に代わって米国が世界の警察官となった。

米国の国家としての歴史は、独立戦争から数えて約250年と、それほど長くない。だが、建国時から自由の理念を掲げ、次第に「米国は世界に自由を広める運命を背負っている」という精神に目覚め、世界の警察官としての世界的共通認識に繋がっていったのだ。

こうして米国は強大な軍事力を背景に大西洋と太平洋を制する覇権国家となり、ここから米国とソビエト連邦（ソ連）の二大国が対立する「東西冷戦」が始まった。

米ソ冷戦の象徴「鉄のカーテン」が誕生

戦後しばらくは、米国とソ連の二極体制が続いた。

第2次世界大戦後の冷戦時代には、東欧と西欧を分断した「鉄のカーテン」と呼ばれる政治的・軍事的境界線が生まれた。この言葉は、英国のウィンストン・チャーチルが首相退任後の1946年3月、米国のハリー・S・トルーマン大統領に招かれ、ミズーリ州フルトンのウェストミンスター大学で行った演説に由来する。

チャーチルは「バルト海のシュチェチンからアドリア海のトリエステまで、欧州大陸を横切る鉄のカーテンが下ろされた」と述べた。中部欧州、東欧の歴史ある首都がすべてソ連側に置かれたことを示唆したのだ。

鉄のカーテンは、西側諸国とソ連を中心とする東側諸国との対立を象徴する言葉として広まった。東側にはソ連主導の社会主義国家が、西側には米国や英国を中心とした民主主義国が存在し、両者の対立が冷戦を長期化させる要因となった。

鉄のカーテンは目には見えないものの強力な分断だったが、目に見えるレベルでの分断の象徴といえば、1961年から1989年まで存在したベルリンの壁だ。この壁は、東

東西欧州を分断する鉄のカーテン

※社会主義国だが、ワルシャワ条約機構には不参加　（編集部で作成）

ドイツの社会主義圏と西ベルリンの民主主義圏との間の移動を制限するために、東ドイツが西ベルリンを囲むかたちで建設。東側では多くの市民が西側への亡命を試みたが、壁の存在によって阻まれて犠牲者も出た。

米中の代理戦争になった朝鮮戦争

ここからは米ソ冷戦時代に起きた具体的な軍事衝突の事例、それによっていまもなお残る傷跡や遺恨を解説する。戦後の東西冷戦の初期において、大規模な武力衝突に至ったのが、北緯38度線を境に米国が南側、ソ連が北側を占領していた朝鮮半島だ。

１９４８年、南側は民主主義体制の韓国、北側は社会主義体制の北朝鮮として独立。そ

韓国と北朝鮮を分断する軍事境界線

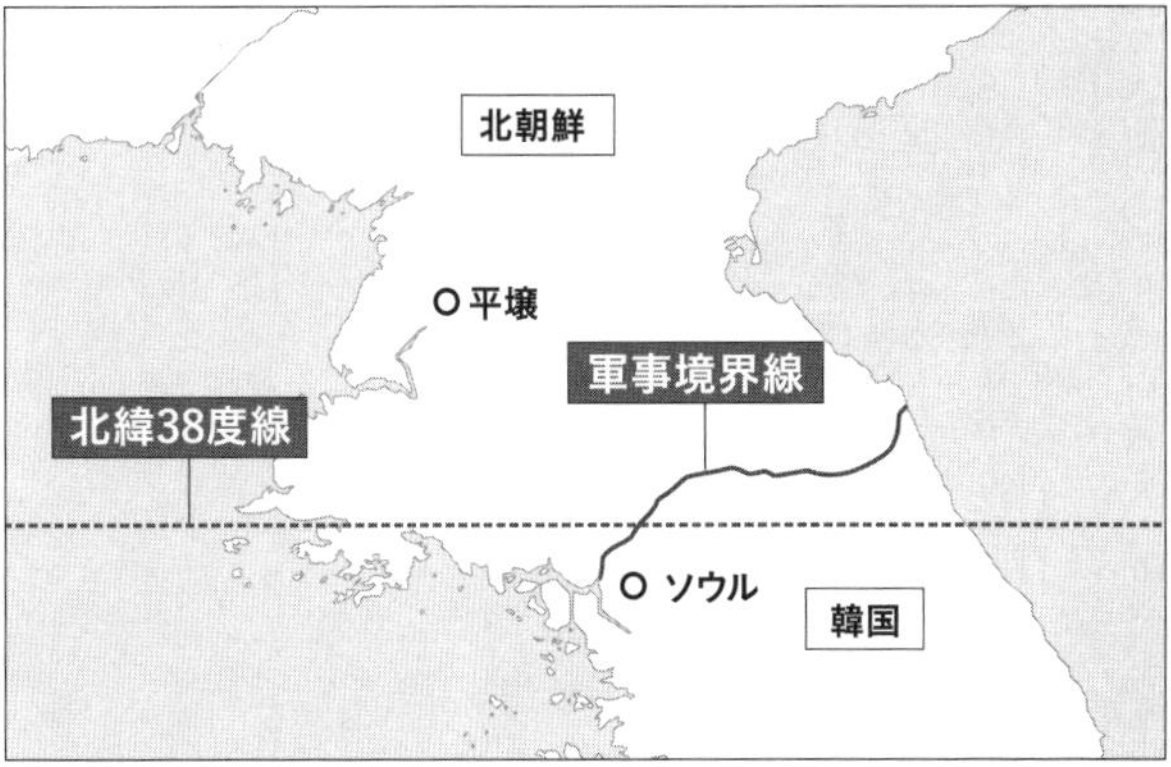

（編集部で作成）

の直後から両国は激しく対立し、１９５０年、朝鮮戦争が勃発した。

この戦争は当初、韓国と北朝鮮の南北統一をめぐる戦争であった。しかし、韓国が米国に支援され、北朝鮮には中国が途中から介入したことで、戦争は実質的に米国と中国の代理戦争となった。

朝鮮半島の人々は古くから中国の属国として扱われ、北からはロシアに常に脅かされてきた。戦前は日本に併合され、戦後は米国とソ連によって南北に分断された。小さな半島であるため、大国や強国の都合に振り回され続けてきた。地政学的に微妙な位置にあるがゆえの悲哀を象徴する国といえる。

開戦当初、北が南を圧倒したが、国際連合

安全保障理事会（安保理）は北朝鮮による一方的な武力攻撃と見なした。なおソ連は審議をボイコットし、欠席していた。

その結果、米軍を主体とした国連軍が派遣され、戦況は一変。北朝鮮軍を38度線まで押し戻した。さらに38度線を越えて北朝鮮の首都・平壌を占領し、中国との国境線付近まで進出。そのため中国は北朝鮮を支援すべく、大規模な義勇軍を朝鮮半島に送り込んだ。これにより戦局は逆転することとなる。

中国の目的は、まず国境線の防衛だった。加えて、南進して韓国の釜山を含む朝鮮半島南端や日本の対馬まで進出できれば、中国は太平洋への足掛かりをつかめると考えたのだろう。このように、中国が国境防衛や北朝鮮の支援以上の目論見を抱いていたとしても何ら不思議ではない。

話を戻すと朝鮮戦争は中国の参戦により、韓国を擁護する国連軍とそれに抵抗する中朝の反撃、そして朝鮮半島を舞台にした米中戦争という様相を呈した。

中朝軍が大きく巻き返してくる中、米国も軍事力を大幅に強化し、再び38度線まで押し戻すというシーソーゲーム状態になったが、１９５３年に休戦協定が成立した。これはあくまで休戦であり、定義上、朝鮮戦争は終結していない。中国から見れば、朝鮮戦争で領土拡大の機会を逃し、朝鮮半島の分断を許してしまった。

計算高く、着実に南から東へと海上戦略を推進している中国は、東アジア最大の脅威であるが、北朝鮮もまた予測不可能な行動をとる脅威だといえる。

朝鮮戦争で国土を守った「日本特別掃海隊」

この間、日本も朝鮮戦争に「参戦」していた。自衛隊はまだ存在せず、海上保安庁が機雷除去に取り組んだ。この活動は「日本特別掃海隊」と呼ばれ、国連軍の要請に応じて日本政府が派遣したものだ。

こうした日本の行動は戦闘地域での後方支援にあたるため、国際的には武力の行使、つまり集団的自衛権の行使に当たるとされている。近年、平和安全法制（安保法制）反対派がよくいう「日本は70年間戦争に加担していない」というのは、正確ではない。もっとも、国際関係論での戦争データに、日本が当事者として記載されていないのも事実だが。

日本特別掃海隊は任務完了までに行方不明者や重軽傷者を出したが、彼らが機雷を除去したことによって国連軍は制海権を確保できた。

日本の参戦は戦局を大きく左右し、結果的に日本の国土が守れたといえる。実は当時、

朝鮮戦争で日本が恐れたシナリオ

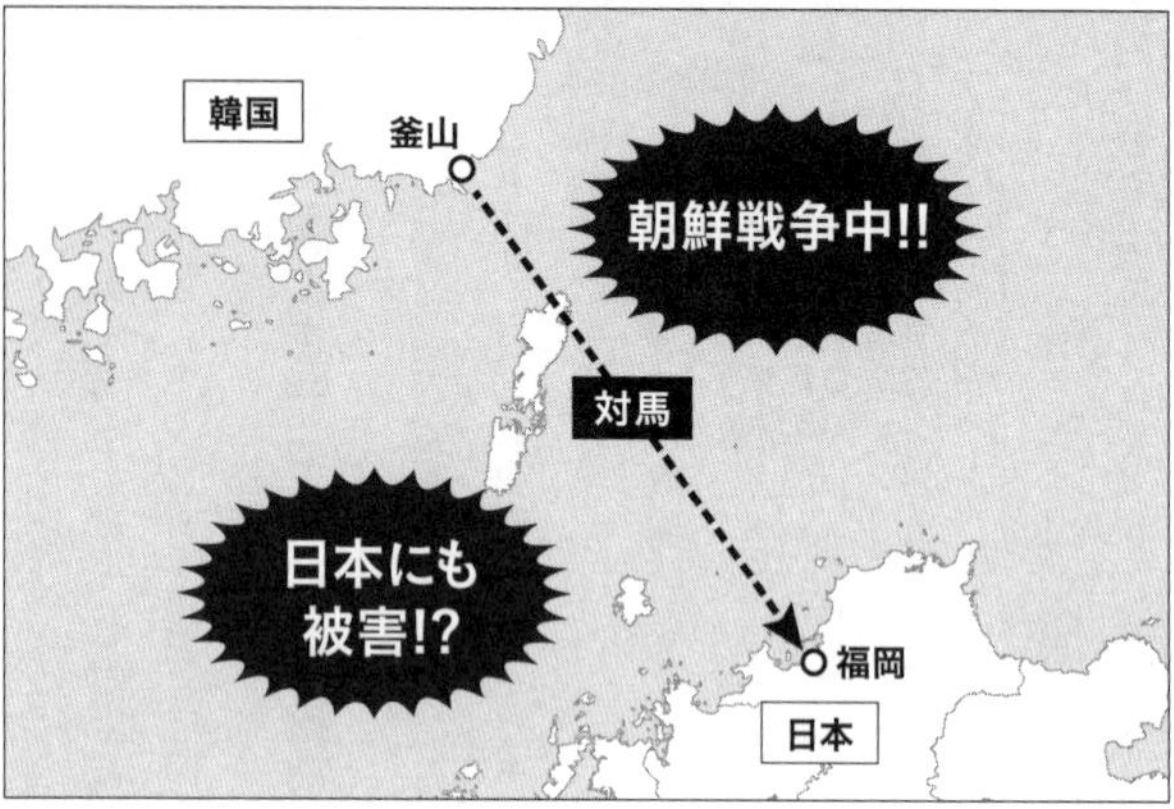

（編集部で作成）

国会承認を得ずに派遣していたため、国内では違憲だと問題視された。だが結果を見れば、掃海隊を派遣した判断は誰も責められないだろう。

釜山から対馬、さらには九州にまで脅威が迫る中、日本が本格的な戦争に巻き込まれないようにするために、防衛策として派遣の判断が下されたことは十分に理解できる。日本は現実的な判断から集団的自衛権を行使し、同盟国と自国を守ったともいえるのだ。

日本にとっては、将来的に韓国主体の南北統一となることが最も望ましいシナリオであるといえる。もし韓国が北朝鮮を民主化できれば、一つの脅威が解消されると同時に、中国との間にある緩衝がより強固になるだろう。

米国が核攻撃の危機に陥ったキューバ危機

世界を最も緊迫させたのが1962年のキューバ危機だ。同年10月14日、米空軍がキューバで建設中のミサイル基地を上空から発見したことをきっかけに始まった。

当時の米大統領ジョン・F・ケネディは、ソ連がキューバに核ミサイル基地を建設していることを国民に公表し、キューバからの攻撃はソ連からの攻撃と見なすと宣言。大陸間弾道ミサイルや爆撃機などを配備し、臨戦状態に入った。キューバを海上封鎖し、ソ連にこれ以上の軍備を整えさせないようにして、トルコにも中距離核ミサイルを配備した。

そのころ、ソ連からはミサイルを載せた艦隊が出港していた。もし米国の海上封鎖を突破しようものなら、米ソ、そして世界中を巻き込んだ核戦争になる可能性があった。

この危機の発端は1959年のキューバ革命にある。革命家フィデル・カストロが米国資本に支持された当時の政権を打倒し、新たに革命政権を樹立した。

それを受けて米国は、カストロの農地改革や外国企業の接収、国有化に反発し、キューバとの国交を断絶。その後、カストロは社会主義宣言をしてソ連に接近した。

すでに米国は太平洋を掌握し、NATO結成に関わるなどソ連包囲網を形成していたが、

キューバ危機で米国が恐れたシナリオ

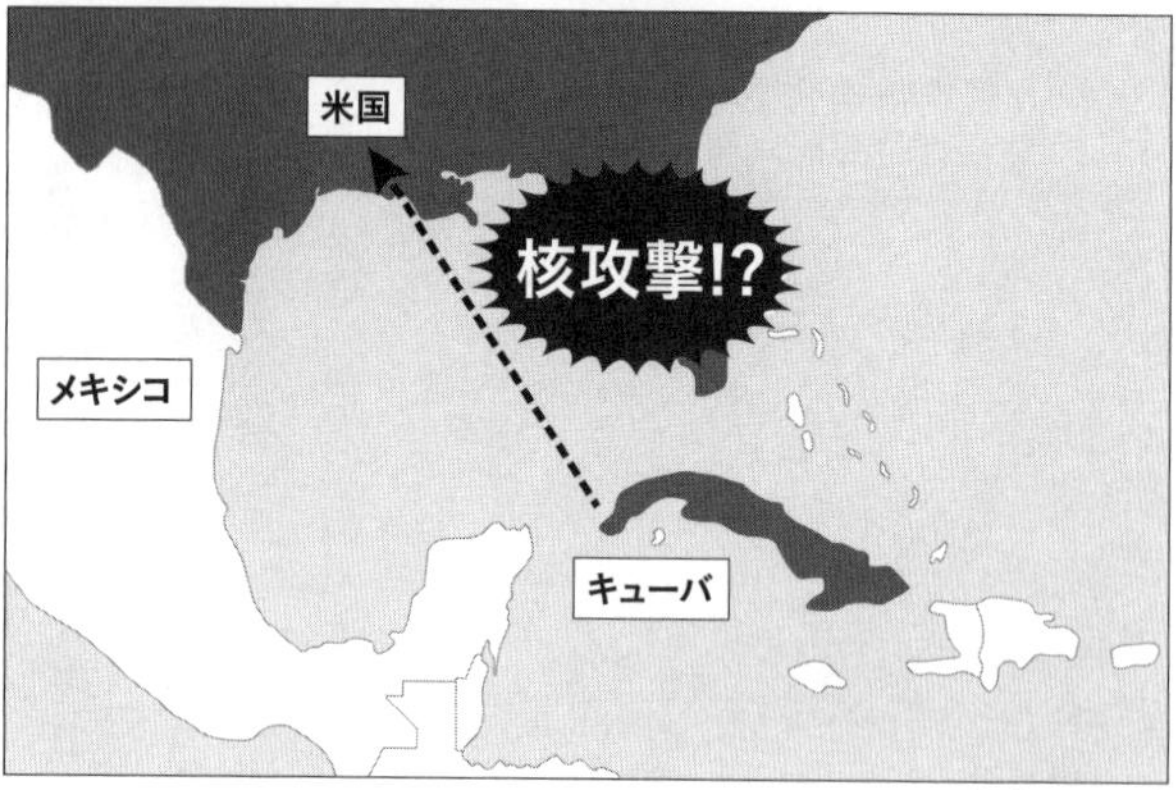

（編集部で作成）

予期せぬかたちで自身ののど元に社会主義国家が誕生してしまったのだ。

当時の米国とソ連の核軍備には大きな差があった。ソ連にとって、キューバは米国を牽《けん》制《せい》するのにとても有利な場所だった。もしキューバに核ミサイル基地を配備できれば、中距離弾道ミサイルで米国全土を射程に入れることができた。そうすれば一気に米国との戦力差を帳消しにでき、形勢が逆転する可能性もあった。米国にとってはある日突然、ソ連に目の前で銃を突きつけられるような感覚だったに違いない。

緊迫した情報戦と交渉を経て、核ミサイル基地の発見から14日後には最悪の結果を免れた。ソ連がキューバから基地を撤去することを受け入れ、代わりに米国のミサイルがトルコから撤去され、キューバへの非介入が約束された。こうしてキューバ危機は収束。核戦争の可能性をリアルに体験し、世界中で反核の声が強まった。

米国とソ連は核戦争の危険を身をもって知り、両国の対立関係に微妙な変化をもたらした。さらに両国首脳が直接対話できるホットラインの通信回線が設置され、両国は核開発に歯止めが必要だという共通見解に至った。

世界最強の米国が唯一敗北したベトナム戦争

ベトナム戦争は、米国が唯一他国に対して事実上の敗北を喫し、戦争の後遺症に長い間苦しむ結果となったことでも知られている。

1887年にフランスの植民地となったベトナムは、戦後の1945年に独立を宣言。同年9月、ホー・チ・ミン初代国家主席の下でベトナム民主共和国（北ベトナム）が成立した。

しかし、フランスは再びベトナムを植民地支配しようと攻撃し、これに対抗する北ベトナムとの間で1946年にインドシナ戦争が勃発。1949年、フランスは北ベトナムに代わるベトナム国（のちのベトナム共和国）という傀儡《かいらい》政権を樹立し、ホー・チ・ミン政権に対抗した。

この戦争は長引き、1954年にようやくジュネーヴ休戦協定が締結。そこで北緯17度線を南北の停戦ラインとし、フランス軍の撤退が決定された。こうして、フランスの傀儡だったベトナム国は協定の成立とともに消滅した。

だが、米国は協定の最終宣言に加わらず、フランスに代わってベトナムへの干渉を強めた。北ベトナムや中国が社会主義国として次々と誕生したことを受け、米国はアジア全体がドミノ倒しに共産化するのを懸念していたのだ。

一方、1995年に成立したベトナム共和国（南ベトナム）では、米国に支援された政権が独裁政治を行い、ジュネーヴ休戦協定で1956年に予定されていた南北統一選挙も拒否。1960年、南ベトナムの政権に反対する人々が南ベトナム解放民族戦線（ベトコン）を組織し、反南ベトナムおよび反米の立場で戦いを始めた。

ベトナムは南北の内戦状態となり、米国はアジアの共産化を防ぐために南ベトナムへの支援を強化。1965年から、北ベトナムに対する空爆（北爆）を開始し、地上部隊も投入。大規模な戦闘を展開し、54万人の兵力を投入して北ベトナムの村々を破壊した。

南北ベトナムを分断する軍事境界線

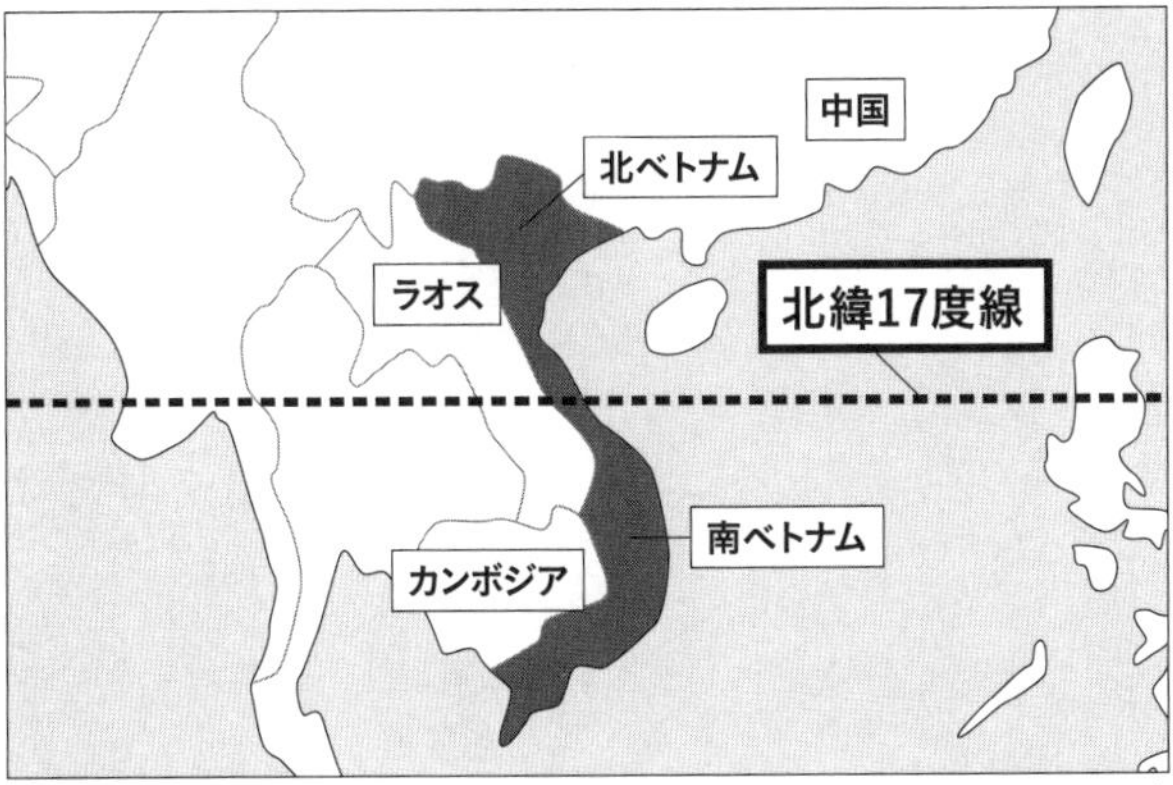

（編集部で作成）

その後、北ベトナムには中国やソ連が多大な支援を行い、ベトコンは激しいゲリラ戦を展開。米国の介入によって戦争は泥沼化し、反戦運動が盛り上がる中、1968年には米国は北爆を中止。1973年にはパリ和平会談で和平協定が成立し、米国はベトナムから撤退することとなった。

1975年、内戦は最終段階に入り、カンボジア、南ベトナム、ラオスではベトコンが勝利。1976年には、南北統一したベトナム社会主義共和国が成立し、カンボジアとラオスも社会主義国家として独立した。

米国とベトナムがこの戦争で払った犠牲は計り知れない。米軍による枯葉剤の散布や非人道的な残虐行為、帰還した米兵たちの心的外傷など、ベトナム戦争は最も悲惨な戦争の一つとして記憶されている。

米国では「ベトナム症候群」と呼ばれる社会不安が生まれ、これまで勝利を重ねてきた米国にとっては大きなトラウマとなった。ベトナム戦争は米国が唯一負けた戦争として知られ、東アジアで社会主義勢力に対抗する米国にとって手痛い失敗だった。

ベトナムを舞台に中ソが武力衝突

ベトナム戦争の結果、カンボジア、ベトナム、ラオスに社会主義政権が誕生したが、すぐにベトナムとカンボジアの間で緊張が高まり、紛争状態となる。

1975年、親米政権を倒したカンボジアのクメール・ルージュがポル・ポト派政権を樹立。しかもポル・ポト派政権は急速に親中へと偏り、一方のベトナムは引き続き親ソの立場をとっていた。そのため、両国の対立はそれぞれの後ろ盾である中国とソ連の対立を背景にますます深まっていった。

1978年末、ベトナムはカンボジアに侵攻し、ポル・ポト派政権を退けて翌年初頭に親ベトナム政権を樹立。この行動に対して中国が反発し、すぐさまベトナムを攻撃して中

中越国境紛争

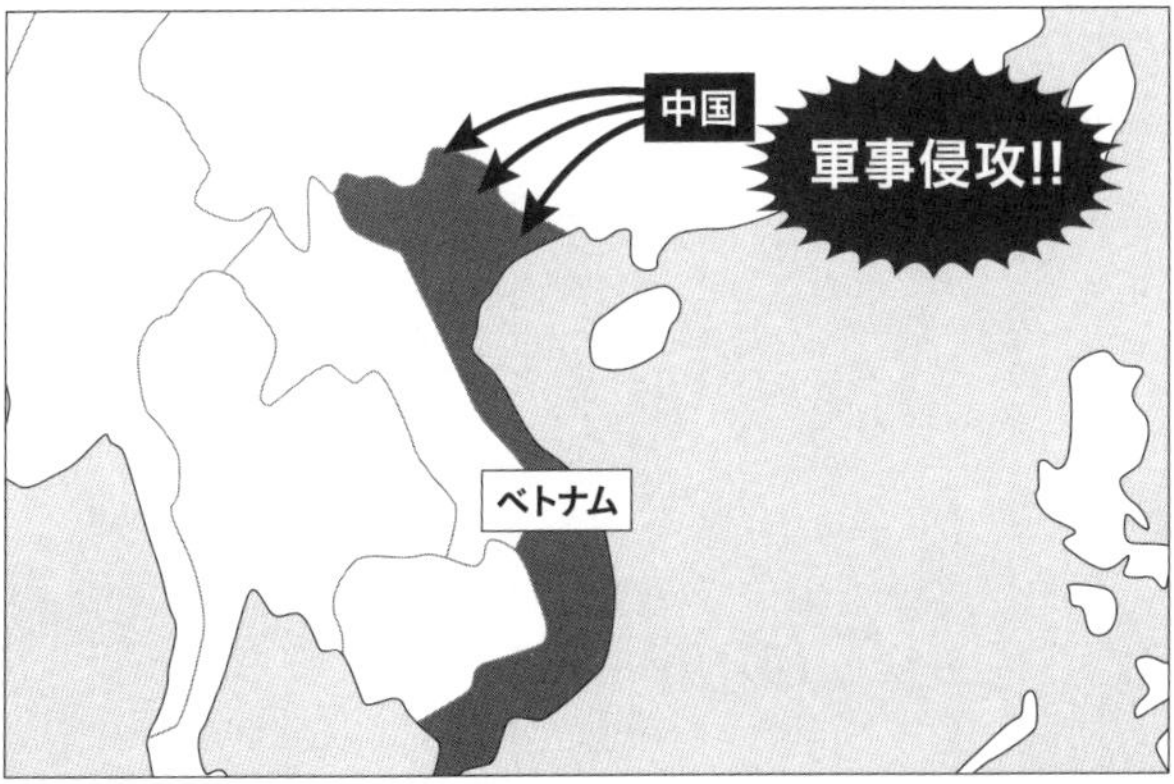

（編集部で作成）

スプラトリー諸島海戦

（編集部で作成）

越戦争が勃発した。ベトナム戦争後もベトナムの兵士たちの士気は高く、巧妙なゲリラ戦を展開。そのため中国軍は窮地に陥り、わずか1カ月程度で撤退した。

中越戦争の直接対決は１９８４年の中越国境紛争へと発展する。国境付近で中国軍とベトナム軍、ソ連軍の顧問団が衝突。同年4月、6月、7月と3度にわたる衝突で中国が勝利し、その後5年間、紛争地帯を占領した。

また、１９８８年にはスプラトリー諸島を巡る海上戦争で中国が再度ベトナムに紛争を仕掛け、再び勝利して同諸島の岩礁を実効支配した。中越対立はソ連崩壊や冷戦終結後も続き、領土や領海を巡る緊張状態はいまなお続いている。

中国とソ連は、同じ社会主義国家として思想的に近かった。しかしスターリンの死後、社会主義の運営方針や革命のあり方について両国は対立し、関係は悪化。その結果、国境付近で武力衝突も起きるようになった。中国とソ連は思想的には近いが、その食い違いによって対立することもしばしばあるのだ。

冷戦時と現在のNATOの最東端の境界線

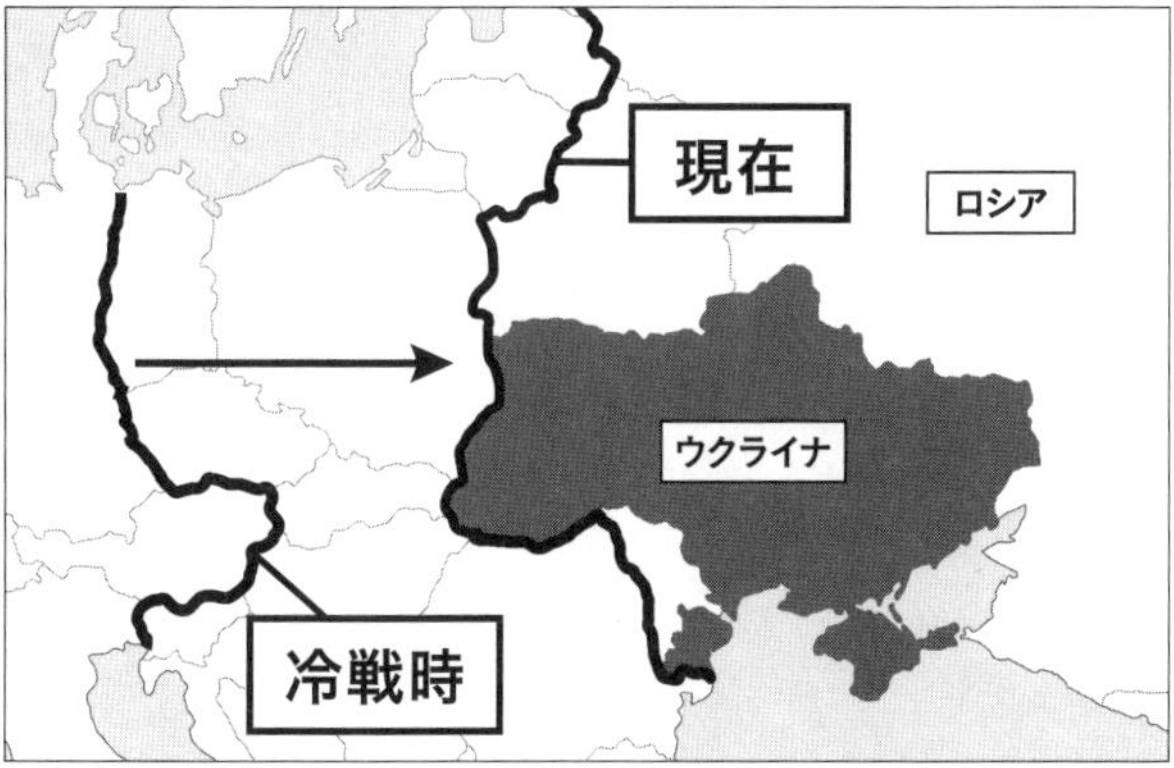

（編集部で作成）

東西冷戦が残した傷跡としこり

1989年に東ドイツの民主化運動と共にベルリンの壁が崩壊し、その後のドイツ再統一へと繋がった。同じころソ連の社会主義国家体制が揺らいだことをきっかけに、当時の米国のジョージ・H・W・ブッシュ大統領とソ連のミハイル・ゴルバチョフ書記長が地中海のマルタ島で会談。40年以上続いた冷戦の終結を宣言した。

1991年にソ連が崩壊した時、ロシアやウクライナなど15の国に分かれた。その後、東欧諸国は一挙に欧州連合（EU）やNATOに加盟。これは地政学的に見れば、鉄のカーテンが取り払われてロシアの国境が後退した結果、米国を筆頭とした欧米諸国の支配圏が旧ソ連圏まで広がったということに他ならない。こうして、西側の民主主義イデオロギーが勝利を収め、米国の一極時代が到来した。しかし、ソ連が崩壊してロシアとなった後も、イデオロギー対立を背景に、主に東欧を舞台に欧州諸国との激しい勢力争いを繰り広げている。2014年のクリミア危機や2022年のウクライナ侵攻は、まさにその典型例といえる。

日本は長年、ロシアを過度に敵視せず、中国だけに対抗するというスタンスだった。しかしウクライナへの侵攻を機に、仮想敵国としてロシア、中国、北朝鮮の三方面に対応せざるを得なくなった。冷戦の火種はいまもなおくすぶり続けているのだ。

20世紀に人類が平和的になった理由

これまで数多くの戦争が起こってきた原因は、人々がより広く、より良い土地を求めてきたからだ。しかし、現代では戦って土地を奪うよりも、戦争を避けようとする力学が働き始め、世界の動きが非戦に向かっている。このような変化が起こった理由は、戦争の悲惨さを経験した人類がより賢くなり、共存共栄を目指すようになったからだ。

といっても昨今、ロシアのウクライナ侵攻やイスラエルのレバノン侵攻、中国の南シナ海進出など各地で争いが起こることをみると、本当に戦争を避ける方向へ進んでいるのか疑問が残るかもしれない。果たして、現代は過去に比べて平和な時代なのか。もしそうならば、人類はどのように賢くなり、戦いを避け、共存共栄を目指すようになったのか。

その謎をひも解くカギが、米国の心理学者スティーブン・ピンカーがまとめた『暴力の人類史』という本だ。人類の戦争の歴史がまとめられており、土地を奪うための数々の残虐行為や大量殺戮《さつりく》について紹介されている。

その中で特に興味深いのは、戦争を死者数の多さ順に並べた図表である。特筆すべきは、死者数を20世紀中盤の世界人口に対する数に換算し、ランキングしなおしている点だ。つまり総人口という分母をそろえた上で、戦争ごとの死者数を比較している。

それをみると、死者の絶対数では第2次世界大戦が1位だ。しかし人口換算後のランキングでは、1位は中国唐の時代（8世紀）の安史の乱で、実死者数3600万人を人口換算すると、その数は4億2900万人に達する。

2位は13世紀のモンゴル帝国の征服で、実死者数4000万人に対し換算後は2億7800万人。3位は7～19世紀の中東奴隷貿易で、同1900万人に対し同1億3200万人、4位は17世紀の明朝滅亡で同2500万人に対し同1億1200万人と続く。

『暴力の人類史』で再集計された死者数

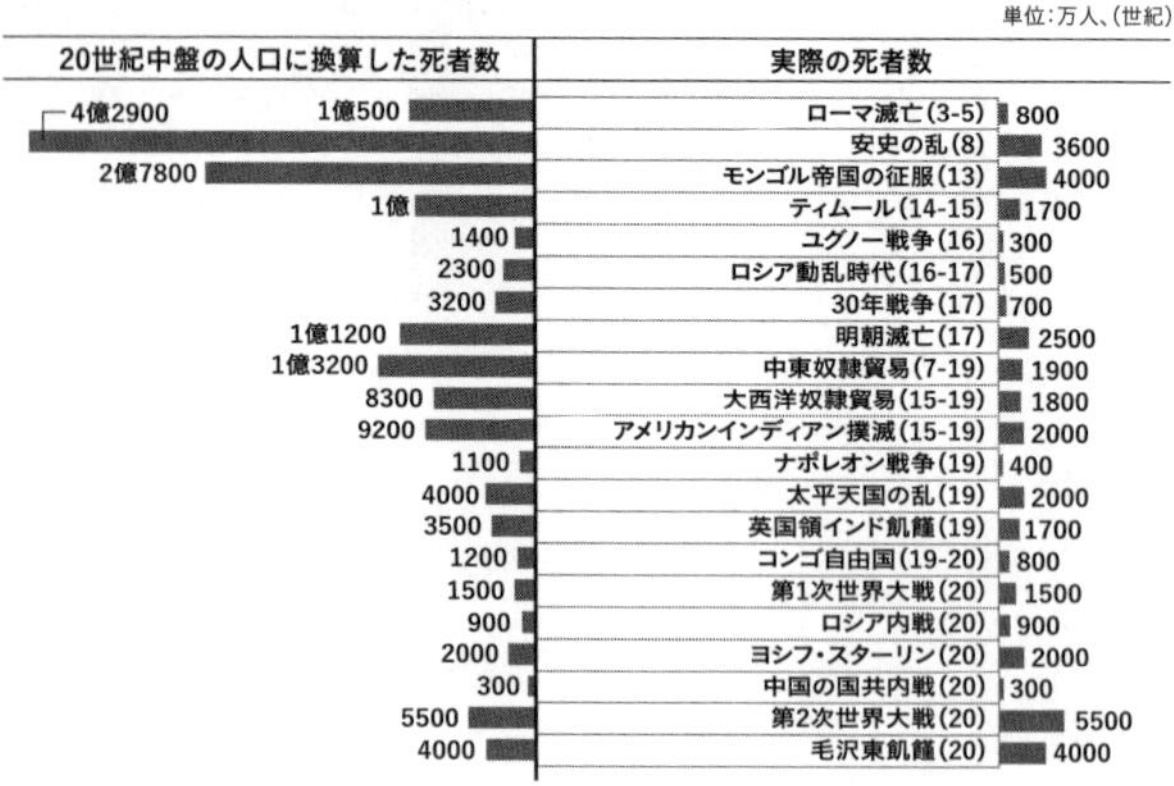

(世界実情データ図録より)

このように分母を揃《そろ》えることで、戦争による犠牲者数を同じ条件で比較できるようになる。結果として、死者の絶対数で1位だった第2次世界大戦は換算後に9位、13位の第1次世界大戦は16位に下がるのだ。

こうしてみると、人類が引き起こしてきた戦争の中で死者数が多い上位21件のうち15件、つまり約3分の2は19世紀以前に発生していることがわかる。さらに換算後の上位8位までが19世紀以前の戦争で占められている。ピンカーはこの点に着目し、人類は20世紀以降、急速に平和的になったと指摘している。

その理由は、民主主義という政治システムが成熟し、定着してきたからだ。領土を奪う代わりに、互いの持っているものを対等に交換する。つまり自由貿易や自由投資が現代の平和の一因なのだ。これを「民主的平和論」あるいは「資本主義的平和」や「自由主義的平和」と呼ぶ学者もいるが、詳しくは第５章で解説する。

いずれにせよ個の価値が高まり、自由と権利が尊重される国は戦争を起こしにくい。互いの国土や国民を無駄に消耗せず、ともに栄える道を模索するようになったと考えれば、人類はたしかに賢くなったといえよう。

とはいえ、中国やロシアのようにいまでも独裁国家は存在しているし、世界が完全に民主化されたわけではない。また、軍事衝突の頻度は減った一方で、代わりに経済戦争が激化し、いまは新しい冷戦構造へ移行したともいえる。

第2章　「中国経済」「ロシア軍事」包囲網時代

米中の覇権争いで貿易戦争が勃発

ソ連崩壊後、1強時代を築いた米国は日本や欧州などと結束してロシアを包囲する一方で、台頭する中国とも覇権争いを展開するようになった。まずは米中関係だが、現代は不戦の力学が働くようになったこともあり、軍事競争から経済競争へと変容している。

2018年、トランプは知的財産権などに関する中国の政策によって、米国が不利益を受けているとして、輸入品500億ドルに25％の制裁関税を適用した。中国もこれに対抗して、同額の米国からの輸入品に同率の報復関税を発動。それ以降、両国の間では関税引き上げ競争が熾烈を極め、世界経済にも影響を及ぼすようになった。

2019年10月、国際通貨基金（IMF）は世界経済見通しで同年の成長率を3・0％と予測し、7月時点での成長予測から0・2ポイント下方修正。これは当時、過去10年間で最も低い伸びだった。この世界経済の減速要因の一つとして米中貿易戦争が挙げられた。米中貿易戦争は単なる貿易赤字の削減という両国の経済的問題にとどまらない。背景には米中の覇権争いがあり、資本主義と共産主義の対立までさかのぼる。

ソ連崩壊により、東西冷戦など過去の体制間競争はいったん決着がついた。しかし、し

米中貿易摩擦の主な経緯

（編集部で作成）

たたかな中国は、ソ連の体制を大幅にバージョンアップして再び米国に挑んでいる。

対して、トランプが米国ファーストの外交や貿易を進めたことで、多くの国との間で摩擦が発生。結果、米国が孤立して中国中心の新たな国際秩序が形成されるという見方も出てきている。

ノーベル賞経済学者ミルトン・フリードマンは、１９６２年に著した『資本主義と自由』の第１章「経済的自由と政治的自由」で、経済的自由を実現するためには資本主義の市場が必要だという普遍的原則を説いた。

経済的自由と政治的自由は密接に関係している。つまり政治的自由がない中国では経済的自由にも限界があり、本格的な資本主義経済には到達しない。結局、政治的自由の欠如は経済発展において致命的な欠陥となる。

しかし、それでも中国は、擬似的な資本主義で西側諸国に追いついてきた。中国はソ連のように体制内のブロック経済や閉鎖経済を目指すのではなく、世界中の国々と貿易している。この点において、中国の共産主義はソ連のバージョンアップ版といえる。

中国は貿易で対外開放しているように見せかけ、中国国内への投資も自由にできるように装っている。ここがソ連とは明らかに異なる。共産主義の本質は生産手段の国有化だ。そのため、国内投資の完全自由化はできない。そこで中国は、中国共産党が実質支配する合弁会社を活用し、見かけ上は国内投資が自由にできるように見せているのだ。

それを隠れ蓑《みの》にして、中国は他国の知的所有権や技術を盗んできた。米国の議会報告書では、その巧妙な手口が具体的に記されている。

まず中国が輸入品に対して輸入制限を課し、その上で海外企業に「中国に生産拠点を作らないか」と提案するところから始まる。その生産拠点は、実際には中国企業との合弁会社で、外国資本が支配権を持つことはできない。そして、その合弁会社から知的所有権や技術を盗み出し、新たに設立した中国企業がそれらを独占するというのが典型的なやり口だ。

また中国が先進国に直接投資して子会社を設立し、投資国の企業や大学から技術やノウハウを盗むケースも散見されている。とても巧妙な手口だが、米国はこれを見逃さなかった。米国が対中関税を引き上げたのは、この窃盗に対する防衛と制裁からだった。それに対して中国が米国に報復関税を課したというのが、米中貿易戦争の実態だ。

中国贔屓のＷＴＯは機能不全

２０２２年12月、半導体の輸出規制を打ち出した米国に対して、中国が世界貿易機関（ＷＴＯ）に提訴したと報じられた。この「提訴」という言葉だけに注目すると、問題の本質が見えにくくなるため、背景を広くとらえて理解する必要がある。

まず、半導体とはスマートフォンやパソコン、家電などに使われているチップのこと。簡単には作れず、専用の半導体製造装置が必要だ。

製造装置メーカーは世界でも限られる。２０２３年の市場シェアをみると、ＡＳＭＬ（オランダ）、アプライド・マテリアルズ（米国）、ラムリサーチ（米国）、東京エレクトロン（日本）、ＫＬＡ（米国）の上位5社が8割以上を占めている。

半導体は回路をできるだけ細くし、それをナノメートル単位の薄さのフィルムにする必要がある。そのため、日本のメーカーを含めて、光学技術を備えた企業が製造装置を手掛けるケースが多い。

中国では、国内最大の総合半導体製造装置メーカーのNAURAが前年比30%増という成長率で、同国の企業として初めてトップ10入りを果たした。今後、中国メーカーがシェアを伸ばす可能性はあるが、現時点ではトップ5には遠く及ばない。つまり中国にとっては、半導体製造において米国、オランダ、日本を押さえることが重要な課題なのだ。

米国は通常の半導体製造装置に対しては規制していないが、最先端半導体を製造する装置については「中国に売ってはならない」と輸出規制をしている。この規制に中国は不満を持ち、WTOに提訴したという流れだ。

WTOには多くの国が加盟しているため、貿易上のルールを定めているが、大原則として「安全保障に関わる話は議論しない」とある。本来、安全保障は各国の責任であり、国際機関で扱うべき議題ではないからだ。特に半導体は軍事技術に深く関わり、米国が最先端の半導体製造装置を規制しなければ、中国に軍事技術を奪われる危険がある。

したがって、米国は「輸出規制には正当な理由があり、WTOは安全保障に関わる問題を扱う場ではない」と主張した。

ＷＴＯには紛争処理機関があり、日本でいえば地方裁判所と最高裁判所のように、小委員会（パネル）と上級委員会の二審制になっている。しかし最近は、ここでの判断が常に中国寄りであるため、先進国は最高裁に当たる上級委員会に委員を出していない。委員を出すと、中国が圧力をかけて不公平な判決が出る恐れがあるためだ。

またＷＴＯでの採決では、中国の影響を受けた国々も１票としてカウントされる。中国がＷＴＯを乗っ取ろうとしている可能性もあり、その場合、先進国はＷＴＯを離脱して新たな国際機関を設立するかもしれない。

現状では安全保障に関する問題は議論されず、紛争処理機関も機能していないため、ＷＴＯはもはやまともに機能していないといえる。

高度なＡＩ開発を阻止する禁輸措置

２０２２年10月の第20回共産党大会において、習近平国家主席は米国に対抗するために、ＡＩ（人工知能）開発とＡＩを最大限に活用した「知能化戦闘」の重要性を強調した。これは、２０３０年までにＡＩなどの民生技術を軍事的に活用する「軍民融合」戦略の一環であり、技術の軍事転用を加速させる取り組みだ。

一方で２０２４年５月、米政府が米国の半導体大手インテルとクアルコムに対し、中国の通信機器大手ファーウェイへの輸出許可を取り消したと報じられた。

そのころファーウェイは、インテルの新型プロセッサーを搭載したパソコンを発表した。この新型プロセッサーは、従来のＣＰＵ（中央処理装置）とＧＰＵ（画像処理装置）に加え、機械学習やディープラーニングなどのＡＩ処理に特化したＮＰＵ（ニューラルネットワークプロセッシングユニット）を統合している。

ファーウェイの新商品のＯＳ（基本ソフト）は、米国のマイクロソフトが提供するウィンドウズではなく、ファーウェイ独自のハーモニーＯＳであり、さらに同社の大規模言語モデルＰａｎｇｕが統合されている。このシステムでは、マイクロソフトの生成ＡＩであるコパイロットやオープンＡＩのＣｈａｔＧＰＴと同様の機能を提供するという。

パソコンはハードウェアとＯＳの組み合わせで成り立っているが、ファーウェイはＯＳで米国依存を脱却できた。残る課題はハード面のみとなった。

２０１７年のトランプ政権発足以降、米商務省はファーウェイおよび関連会社への輸出を原則として禁止してきた。米国外で製造された製品であっても、米国の技術やハードウェア、ソフトウェアを使用する場合は事前許可を取得する必要があると主張した。

ここで焦点となるのが、最近のＡＩ利用に関連したＮＰＵだ。

ＮＰＵを開発しているのは、インテル、クアルコム、ＡＭＤ、アップルといった米国企業。アップルは自社製品でＮＰＵを使用しているため、中国企業が利用できるのはインテル、クアルコム、ＡＭＤに限られる。ただＡＭＤはすでに中国向け輸出を停止しており、クアルコムもまもなく輸出を完全に停止すると米商務省は説明している。

インテルは特別な許可を取得し、ファーウェイ向けにパソコン用半導体を輸出していたが、今回の措置によって他の米国企業と同様に輸出を停止させられた。

インテルもこの事態を予想しており、対中取引を予《あらかじ》め縮小していたため、ファーウェイは上位顧客リストに入っていなかった。なぜなら米商務省は競合他社がファーウェイから撤退する中、インテルが引き続き受注を続けていたことに対して厳しく対応し、高額な罰金も辞さない姿勢を取っていたからだ。

インテルの供給が止まると、ファーウェイは新商品を出せなくなるだろう。この米政府の措置は、米議会の対中強硬姿勢を背景にしている。下院外交委員会のマイケル・マッコール委員長は、この措置が中国の高度なＡＩ開発を阻止するためのカギだと述べている。

米GPSに依存しない衛星測位システム

米中対立は宇宙開発競争にまで発展している。2020年6月、中国は米国のGPSに依存しない独自の衛星測位システム「北斗」を完成させた。

GPSのシステム自体はコピーすれば簡単に作れるため、難しいものではない。しかし、このGPSを複数の国が利用するとなれば、位置情報などのビッグデータが中国に漏れる可能性がある。そうなれば中国はそのデータを活用して、さらに巨大な存在となるかもしれない。といっても軍事利用ではなく民間利用においては、米国と中国それぞれ二つのシステムが存在したほうが利便性は高いだろう。

もっとも、あくまで北斗は民間利用において便利というだけで、軍事利用に関しては機密情報が抜かれる恐れがあるため使えない。実際、技術的にはそれができる。日本は「みちびき」という自前の人工衛星を使用している。いざという時、日本も自前で開発できる力を持っていると世界に見せつけておくことは重要だ。しかし独自のシステムを完全に持つのは、コスト面を考えても他のシステムがすべて米国製であるため難しいだろう。

そういう意味で、日米安保条約は防衛において重要な役割を果たしている。日本は日米安保条約がなければ自分たちを守ることができない。たとえばイージス艦は様々なシステムと連携し、データを集めなければ機能しない。

ただＧＰＳに関しては併用もできる。民間利用であれば、どのシステムを使っても特に問題はない。たとえばスマートフォンを２台持つ場合、中国製とそれ以外の国の製品を使うようなイメージだ。日本でどちらも利用できるなら、どちらを選んでも構わない。位置情報ならどちらの方が正確かなどを比較しながら使うのがいいだろう。

一方、軍事面で衛星を利用する際にはデータの保護が課題となる。また古い衛星の処分や軌道の制約など、宇宙開発には新たなルール作りが必要だ。

ちなみに衛星を撃ち落とすのは簡単だ。ただ意外と丈夫なので、比較的新しいものは大気圏で燃え尽きずにそのまま落ちてきてしまう恐れもあるが、他国の攻撃から衛星をどう守るかが問題となる。また、たくさんの衛星があるが、中高度軌道に乗る必要があるため、飛ばせる数には限りがある。物理的に距離も決まっているので、そろそろ軌道が満杯になってきているのではないだろうか。

宇宙開発も、どの勢力に属するかという問題が出てきた。もはや宇宙は「みんなのもの」ではなくなりつつあるのだ。

「AIIB」から垣間見える「債務の罠」

米中貿易戦争からさらに遡《さかのぼ》ること2014年、中国はアジアインフラ投資銀行（AIIB）を設立。AIIBを通じて発展途上国に資金を供給し、南アジアからアフリカ東海岸に至る海上ルートの支配を目指している。これは後述する一帯一路構想の一環だ。

しかし、AIIBは失敗する可能性が高い。なぜなら「国際金融のトリレンマ」という問題が存在するからだ。国際金融のトリレンマとは、本来どの国も「自由な資本移動」「固定相場制」「独立した金融政策」の三つすべてを達成したいと思うものだが、国際金融政策においてこれらを同時には実現できないという理論だ。

一般的な国は、自由な資本移動と独立した金融政策を獲得している。自由な資本移動をすれば資本取引が活発になる。その上で独立した金融政策をすれば為替も動いてしまうため、固定相場制にはならない。だから三つ同時には実現できないというわけだ。

中国は共産主義体制であり、生産手段の国有化を基本としているため、自由な資本移動を許していない。生産手段とは土地や企業を指し、これらを外資に開放すれば、共産主義の理念に反することになる。そのため中国は自由な資本移動を制限し、固定相場制と独立

国際金融のトリレンマ

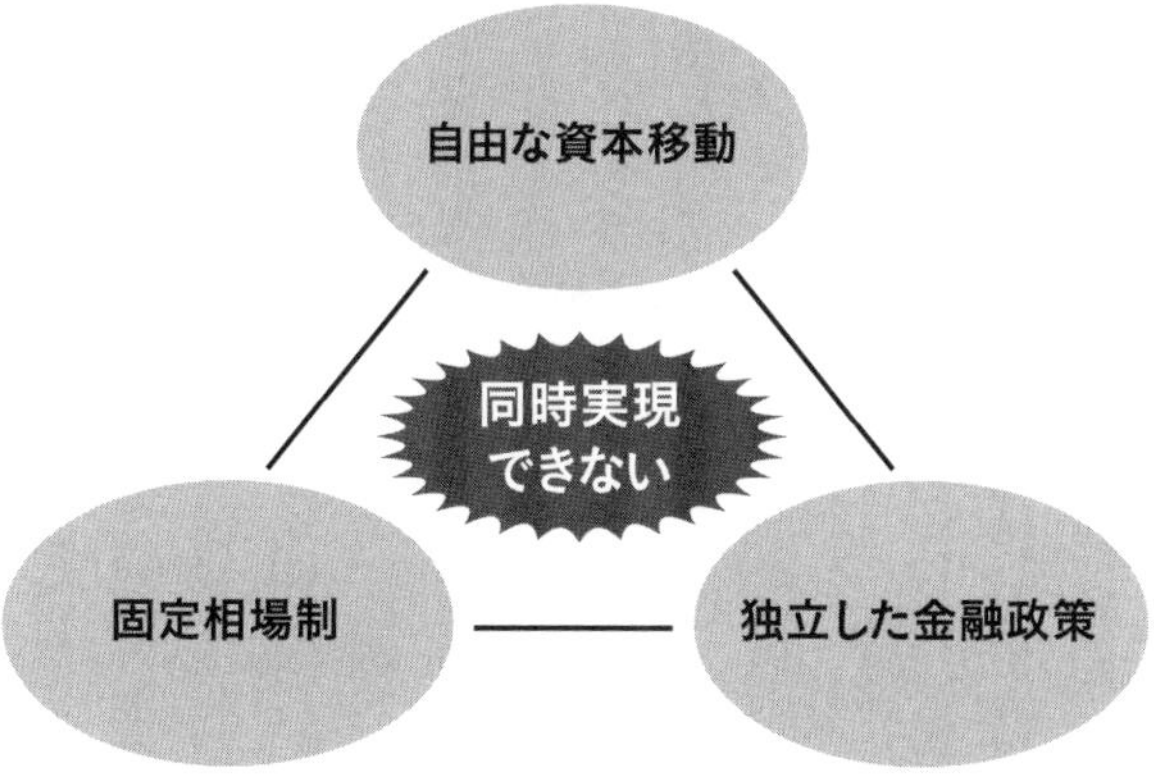

（編集部で作成）

した金融政策の二つを選ばざるを得ない。こうした制約があるため、中国が主導するＡＩＩＢからは低コストでの資金調達が難しいのだ。

筆者は当時、安倍元首相に「中国は日本にＡＩＩＢへの参加を求めてくるだろう」と忠告した。日本が参加すれば、ＡＩＩＢの資金調達が低コストになる可能性があったからだ。しかし安倍元首相は、民間は関与するが、政府は関与しないという方針を貫き、結果的に日本や米国はＡＩＩＢに参加しなかった。

ＡＩＩＢは高コストで資金を調達し、それを発展途上国に高金利で貸し付けている。そのため、借り手の国は厳しい返済条件に苦しみ、結果的に無理なプロジェクトを押し付けられることになる。当時、麻生太郎副総理がＡＩＩＢを「サラ金」と揶揄《やゆ》したのは、まさにその状況を的確に表している。

日本のメディアはこぞって参加に賛成していたが、筆者は警告を発し、安倍元首相も見送った。結果として、その判断は正しかったことが証明された。

ＡＩＩＢ設立の背景には、中国の思惑が透けて見える。まず、アジアの途上国には債務リスクというものがある。簡単にいえば、ドル高と自国通貨安の影響で、アジアの途上国が債務返済に苦しんでいるのだ。

中国は外貨で貸し付けを行っており、途上国が返済できない場合、その国のインフラや土地を取り上げることがある。返済不能になった際に中国がインフラを獲得することで、その地域における影響力を強化する貸し付け戦略だ。これは、銀行が住宅ローン未払い時に住宅を取り上げる状況と類似している。これがいわゆる「債務の罠」だ。

実は返済不能になった場合、国際的な対応に違いがある。たとえば、日本や米国などは第３章で後述するパリクラブ（主要国債権国会合）に参加しており、返済猶予の協議が行われる。しかし中国は参加しておらず、直接資産を押さえる方針を取っているのだ。

一方で、１９６６年に設立されたアジア開発銀行（ＡＤＢ）は方針が異なる。ＡＤＢはアジア太平洋地域の経済発展と貧困削減を目的とする国際金融機関。主な活動は、インフラ整備や教育、環境保全などの分野への融資や技術支援だ。資本取引が自由に行える国際開発銀行なので、日米の支援により低コストで資金を調達できるのが特徴。本部はフィリピンのマニラにあり、加盟国は日本や米国、アジア諸国に加え、欧州諸国も含まれる。

フィジーなどの小国が、ＡＩＩＢを通じて中国に奪われるのを防ぐためには、日米がＡＤＢを通じて支援していくことが重要だ。

人民元が国際通貨になることは当面ない

２０１７年、ＡＩＩＢが米格付け会社ムーディーズから最上位の格付けを取得したと報じられた。これで資金調達力の問題が解決したと思った人もいただろう。

しかし、格付けはその背後にある国の信用力に基づいて初めて意味を持つものだ。ＡＩＩＢに資金が集まりにくい理由は、中国がまだ十分な信用力を持っておらず、それが原因で資金調達レートが高いからだ。

ＡＩＩＢの融資には、最大の出資国である中国の信用力が反映されるが、その信用力は日米と比較して依然低い。そのため、当初はＡＩＩＢの債券が国際金融機関としては異例の「格付けなし」の状態でスタートした。その後、中国がどんな働きかけを行ったかは不明だが、市場原理に合わない高い格付けを得てもそれだけで信用を得ることは難しい。

リーマン・ショックを引き起こしたサブプライムローン問題では、格付けへの不信感が広がった。同様に日米の後押しがないＡＩＩＢでは、どれだけ良い格付けを得たとしても、実際の資金調達レートは低くならないだろう。

ＡＩＩＢの貸出レートは、日米の支援を受けているＡＤＢの貸出レートよりも高く、今後もこの差は変わらない可能性が高い。アジア経済を支援する目的で設立されたＡＩＩＢだが、ここが致命的欠陥で、逆に貸し付け先に余計な負担をかけているのが現状だ。

こんな状況では、ＡＩＩＢを通じてアジアで人民元の存在感を高めることは難しい。仮にＡＩＩＢが軌道に乗ったとしても、人民元が国際通貨になることは当面はないだろう。中国の体制は非民主主義で一党独裁だからだ。

ドル、ユーロ、ポンド、円といった国際通貨とは、国際取引や為替取引に使われる通貨のことだ。国際通貨として機能するためには、経済大国であること、発達した為替・金融市場を持つこと、そして対外取引の自由と透明性が必要となる。これを人民元に当てはめると、国際通貨にはまだ程遠い状況だ。為替・金融資本市場はまだ発展途上にあり、対外取引の自由も不透明な部分が多く、経済的自由が十分に達成されていない。

為替の自由化は資本取引の自由化と深く関わっている。これを進めるためには国有企業の抜本的改革が必要だ。もし国有企業が民営化されれば、今度は国民が政治的自由を求めることになり、中国としては一党独裁が崩れる可能性は出てくる。しかし、政治的・経済的自由を欠いたままでは、ＡＩＩＢが真の国際的機関となる日は遠い。

ウイグルの人権問題が中国のアキレス腱

２０２２年、米国でウイグル強制労働防止法（ＵＦＬＰＡ）が施行された。これは中国の新疆ウイグル自治区で生産された製品の米国への輸入を原則として禁止する法律だ。

施行当初は、主に太陽光パネルなどの優先分野が輸入差し止めの対象となっていたが、現在では対象分野が徐々に拡大している。

ＵＦＬＰＡが定められた理由は２０１９年、中国において多くのウイグル人が収容施設で虐待を受けていると内部文書より明らかになったからだ。この内部文書は、国際調査報道ジャーナリスト連合（ＩＣＩＪ）によって公開された。同団体は、世界の富裕層の租税回避行為を明らかにした「パナマ文書」の公開でも知られている。

中国政府による弾圧が報告されている新疆ウイグル自治区

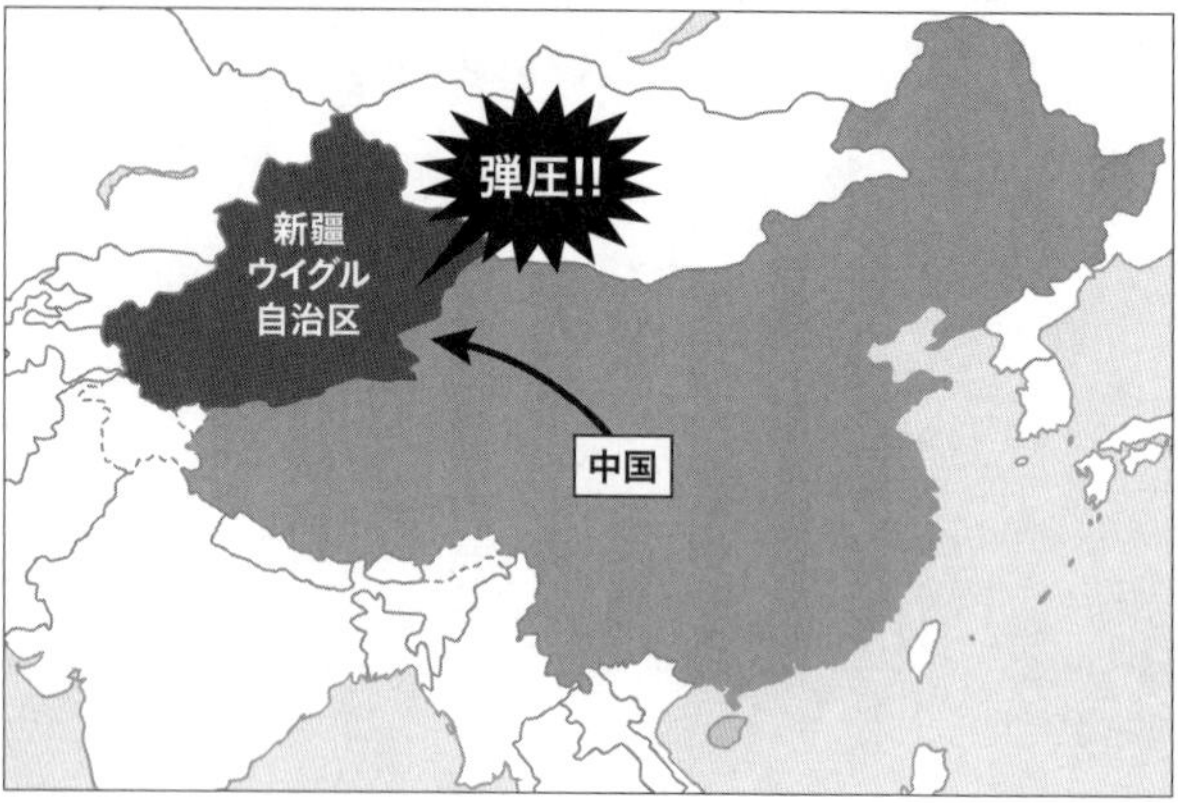

（編集部で作成）

ＩＣＩＪが明かした内部文書によると、中国政府はイスラム教徒が大半を占めるウイグル人を組織的に洗脳しているという。米国の当局者や国連専門家によれば、最大で１００万人のウイグル人が政治再教育収容所に収容されているようだ。この数字は、新疆ウイグル自治区に住むイスラム教徒人口の約７％に相当する。

これまで中国政府は、収容所では希望者に過激思想に対抗するための教育と訓練を提供していると説明してきた。

しかし、今回の内部文書はその実態とは大きく異なることを示していた。内部文書は、中国政府によるウイグル人への不当な拘束や虐待などの人権侵害を裏付けた。また中国政府が新疆ウイグル自治区で大規模な監視システムを構築し、ウイグル人を管理していることも明らかにしたのだ。

このような状況を受けて、米国など西側諸国は中国に対する批判や制裁措置を講じた。たとえば2021年、米国はウイグルの人権問題を理由に中国製太陽光パネル部品の輸入を禁止。太陽光パネルの主原料であるシリコンは、世界の約半分がウイグル地区で生産されている。代替地の確保が困難なため、シリコン価格が高騰し、パネル価格も上昇した。

これまでの脱炭素戦略は安価な中国製パネルに依存してきたが、人権問題があれば容認できない。太陽光パネル価格の上昇は、その懸念のシグナルと受け止めるべきだ。そうなると、再生可能エネルギーだけでなく、二酸化炭素除去技術や安全な原子力発電も積極的に検討する必要があるだろう。

また、フランスでは強制労働の疑いでアパレル企業に対する捜査が行われた。このような欧米の動きが本格化すれば、日本もさらなる対応が求められる。ウイグル問題の影響は様々な分野に及ぶため、その重要性を過小評価すべきではない。

いずれにせよウイグル問題は中国にとってのアキレス腱となっており、習政権への大きなダメージとなる。

2本の列島線に透けて見える中国の軍事戦略

ここまでは中国の経済的影響力を中心に話を展開してきたが、軍事的脅威であることも無視できない。中越国境紛争以降、中国はますます海への進出を強めた。陸の領有がある程度固まったからだが、実はもう一つ重要なきっかけがある。それは軍事技術の発達だ。

読者の皆さんは、米国の軍事衛星の映像を見たことがあるだろうか。その映像は非常に鮮明で、砂漠や森林地帯など内陸部の軍事施設もほぼ丸裸だ。いくら優れた軍事施設を持っていても、このような鮮明な衛星技術を使って攻撃されたら対応が難しい。

しかし海中の原子力潜水艦は、空からは簡単にとらえられない。さらに長期にわたって燃料補給を必要とせずに連続航行ができ、余剰電力で海水から酸素を作れるため、数カ月以上の潜行が可能だ。その意味で、現時点で最強兵器といえる。

中国は南シナ海を支配し、太平洋に原子力潜水艦を配備したい。一方の米国は、自国の安全保障のために、中国の原子力潜水艦を南シナ海に押さえ込みたい、と考えている。南シナ海のスプラトリー諸島では、米国の駆逐艦が哨戒活動を行い、中国がそれに抗議するなど両国のせめぎ合いがすでに起こっている。

中国が設定する第1・第2列島線

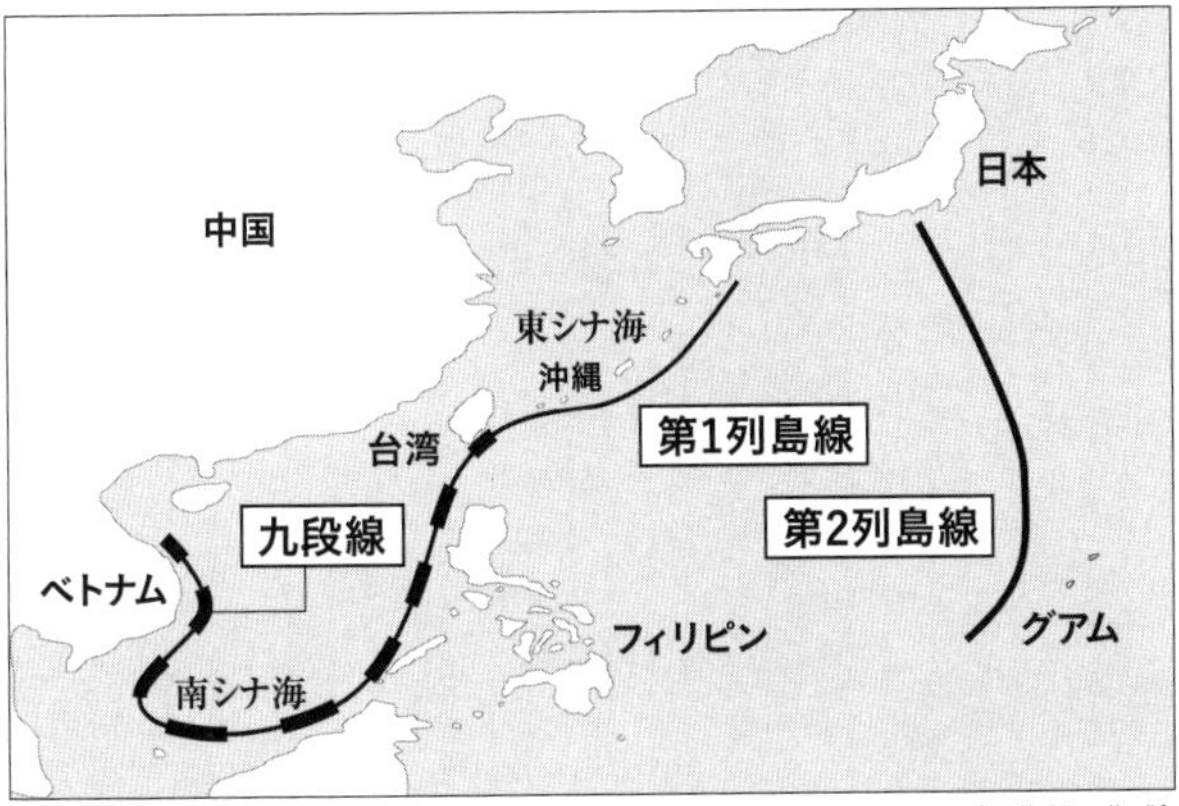

(編集部で作成)

ソ連崩壊後、中国は「第１列島線」「第２列島線」という２本の軍事進出の目標ラインを定め、対米防衛線とした。

第１列島線は東シナ海、南シナ海全域を含み、第２列島線はフィリピンからグアム、サイパン、沖縄、さらには近畿地方の沿岸までを含むラインだ。そのため、日本としても決して対岸の火事ではない。

中国は防衛線だけでなく、領海線についても積極的だ。１９５３年に独自に引いた九段線を根拠に、広域エリアの領有権を主張してきた。九段線とは、スプラトリー諸島やパラセル諸島など南シナ海全域の領有権を主張するため、中国が地図上に独自に引いている破線のことだ。この九段線に基づいてスプラトリー諸島に人工島を造り、軍事拠点と思われる施設を建設している。

南シナ海は世界の漁獲量の約1割を占める優れた漁場だ。ベトナムやフィリピンの漁師が締め出されたり、拿捕《だほ》されたりする事件が発生している。

国際法上、満潮時に水に潜ってしまう岩礁は「島」とは見なされない。いくら埋め立てて島のようにしても領土にはならないが、中国はそれを無視して領有権を主張している。この点からみても、南シナ海仲裁裁判所が中国の違法性を確定したのは極めて妥当だ。しかしフィリピンと中国が協力関係の約束を交わしたことで、事実上この判決は破棄されてしまい、国際裁判所の能力の限界が示された。

南シナ海では、中国が米国の原子力空母やミサイル駆逐艦に対して警告を発したり、東南アジア諸国連合（ＡＳＥＡＮ）の国々の海軍が中国への牽制で共同演習を行ったりするなど、米中のせめぎ合いが続いている。

１９５１年、米国とフィリピンの間に米比相互防衛条約が締結され、２０２１年には米国務長官が「中国軍がフィリピン軍を攻撃した場合、この条約が適用される」との警告を発した。このように、米国は中国が南シナ海で横暴を働かないように釘を刺している。

中国が海への野心を高める中、島国である日本にとって、周辺海洋の帰属問題は国家の安全保障に直結する。

日本のリーダーがこの問題にどう対応していくのか、注視しておきたい。

太平洋の半分と南シナ海を狙う習近平の野心

長年、世界の警察官として振る舞い、安全保障の中心に立ってきた米国が事実上、２０１３年９月に世界の安全保障から少し手を引くことを宣言した。当時のバラク・オバマ大統領がシリア問題に関する演説で「米国は世界の警察官ではない」と述べたのだ。

これに好機を見いだしたのが、近年、海洋進出に熱心で、南シナ海での軍事拡張や台湾・尖閣への圧力を強めていた中国だ。

地政学的にみると、これは中国が他国に対して、自国の影響力を強化しようとしている動きだ。まさに中国らしい強引な手法で、海に拠点を築き続けている。習近平は、実は国家主席に就任する前から「中華民族の偉大なる復興の実現」を掲げていた。

２０１２年、習近平は国家副主席として初訪米した際、米ワシントン・ポストのインタビューで「中国と米国で太平洋を二分する」ことを示唆していた。２０１３年６月、国家主席として訪米した際には、オバマ大統領に対して「太平洋には両国を受け入れる十分な空間がある」と述べ、さらに露骨な野心を示している。

国際政治においては、相手が引けば自分が押すのは常道だ。米国が強気の間は慎重に動いていた中国だが、米国が世界の警察官ではないと宣言したことを機に、習近平はさらに勢いを増した。２０１４年、南シナ海南部に位置するスプラトリー諸島の埋め立てを急ピッチで進め、人工島を完成させた。現状、南シナ海はほぼ中国の手中にあるといえる。

２０１６年、フィリピン政府の訴えを受け、オランダ・ハーグに設置された南シナ海仲裁裁判所は、九段線を含む南シナ海における中国の主張は国際法に反していると判断した。この南シナ海判決に対して、中国は当然反発した。

だが、当時新しくフィリピンの大統領に就いたロドリゴ・ドゥテルテは、この判決を無視するような態度を見せ、中国との2国間協議を進めたのだ。

その裏には「フィリピンが仲裁裁判所の判断を無視すれば、ＥＥＺ内にある石油・天然ガス共同開発事業の権益の60％をフィリピン側に譲渡し、中国の権益は40％にとどめる」と、習近平からドゥテルテへの提案があった。

これにより、フィリピン政府が中国の不当な行動を非難することがあっても、実質的に南シナ海判決はなかったことにされた。その結果、南シナ海での中国の戦略的勝利が確定した。外交の押し合いという観点では、中国が完全に押し切ったといえる。

これに先立って新疆ウイグル問題が起こり、その後は香港における「一国二制度」の事実上の崩壊が続くが、これらはすべて関連している。

国際政治の舞台では常に互いの実力や行動力を探り合い、相手が引いたら自分が押すという駆け引きがある。すべての国が均等な力で押し合っている間は均衡が保たれ、何も動かない。しかし一度どちらかが引けば、もう一方が押し込む。外交では弱みや隙を見せれば、すぐに相手に付け込まれる。このような駆け引きは国際政治において常識なのだ。

米中に日本が負けず劣らず追随している技術

2023年7月、米国に続くかたちで日本政府は、軍事転用防止を目的として先端半導体製造装置23品目の中国への輸出を規制した。これは先進7カ国首脳会議（G7サミット）の方針に沿ったもので、評価できる動きだ。

そもそも半導体を製造しているメーカーは台湾や韓国に多いが、先述の通り半導体製造装置の主要生産国は日本、米国、オランダで8割のシェアを占めている。そのため、この3カ国が半導体製造装置を輸出しなくなると、半導体製造はかなり締め付けられる。

輸出規制は、中国に対して最新鋭の技術を提供しないという米国やオランダの方針に基づいていた。日本独自の判断ではなく、同盟国（米国）と歩調を合わせた決定だ。ただし規制対象は最先端技術に限定されており、一般的な技術は引き続き輸出する。

よくマスコミは「日本は半導体製造で後れをとっている」「半導体は中国のシェアが4割もある」と報じている。だが、日本は最先端半導体製造装置の技術で依然として競争力を持っている一方で、中国にはそれほど影響力がないのだ。

量子コンピュータの開発では米国と中国が先行しているが、実は日本も3番手くらいで追随している。量子コンピュータとは、物質を構成する原子や電子などの「量子」の持つ性質を活用して情報処理を行うコンピュータだ。

2019年10月、米グーグルは量子コンピュータの試作機を使い、世界最速のスーパーコンピュータをはるかに凌《しの》ぐ計算能力を持つ「量子超越性」を初めて実証した。

この技術が進化すれば、現在の暗号理論は無力化される可能性がある。なぜなら暗号理論は「素因数分解に時間がかかる」という経験的事実に基づいているからだ。

暗号解読は、一般的なコンピュータだとかなりの時間を要するが、量子コンピュータを使えばいろいろな組み合わせを同時に計算できるので、あっという間に解読できてしまう。

つまり銀行取引など社会インフラをすべて崩せるというセキュリティ上の懸念がある。逆に技術力さえあれば、解読が難しい暗号を作るといったプロテクトもできる。

日本政府は量子コンピュータ開発に注力しており、これは重要な戦略的投資だ。現在は3番手だが、日本ならトップをとれる可能性はあるし、そうなれば強力な武器になる。

いずれにせよ、2030年ごろを目途に訪れるとされている量子コンピュータの時代は、驚異的なものになる。この技術の競争はさらに熾烈《しれつ》になっていく。

対ロシア制裁の抜け穴である中国に批判殺到

米中の覇権争いは経済戦争の側面が強いが、いまもなお米ソ冷戦時代の負の遺産として軍事的な意味での戦争も起きている。ロシアによるウクライナ侵攻だ。これを受けて中国はロシアを支援し、日本や欧米など民主主義国はロシアへ制裁を課している。

2024年6月、バイデン政権はロシアに対して大規模な経済制裁を発動した。米財務省と国務省がロシア関連の300以上の個人や企業を「特別指定国民」（SDN）に指定し、商務省が輸出管理を強化する措置が含まれていた。SDNに指定されると米国内の資産が凍結され、米国人との取引が禁止される。

その後、イタリア南部のプーリア州ではG7サミットが開催。制裁によって凍結したロシア中央銀行の資産から得られる収益を活用し、500億ドル（7・8兆円）をウクライナ支援の新たな財源にすると、首脳宣言で明記された。

この宣言では、ロシアが侵攻をやめ、ウクライナにもたらした被害を賠償するまで資産の凍結は続けるとされた。また、ウクライナへの支援は揺るぎなく続くことも記されている。

国際法上、交戦関係にない第三国がロシアの資産を使用できるかは微妙な問題だった。しかし英国と米国が、消極的だったドイツやフランスを説得した経緯がある。凍結資産は約3000億ドル（約46兆円）で、その約3分の2に当たる約2200億ドル（約34兆円）はEU諸国が凍結している。

当分の間、G7が肩代わりしてウクライナ支援を行った後、ロシア資産が充当されるだろう。ちなみに、日本の凍結資産は約50億ドル（約7700億円）。日本が過度な肩代わりをした場合は回収できない可能性がある。

また、宣言では中国によるロシアへの支援に深い懸念を表明した。ロシアの軍需産業を支援する中国を含む第三国の団体に対策を講じるとともに、ロシアの制裁逃れに関与する

ロシア凍結資産を活用した
ウクライナ支援の仕組み

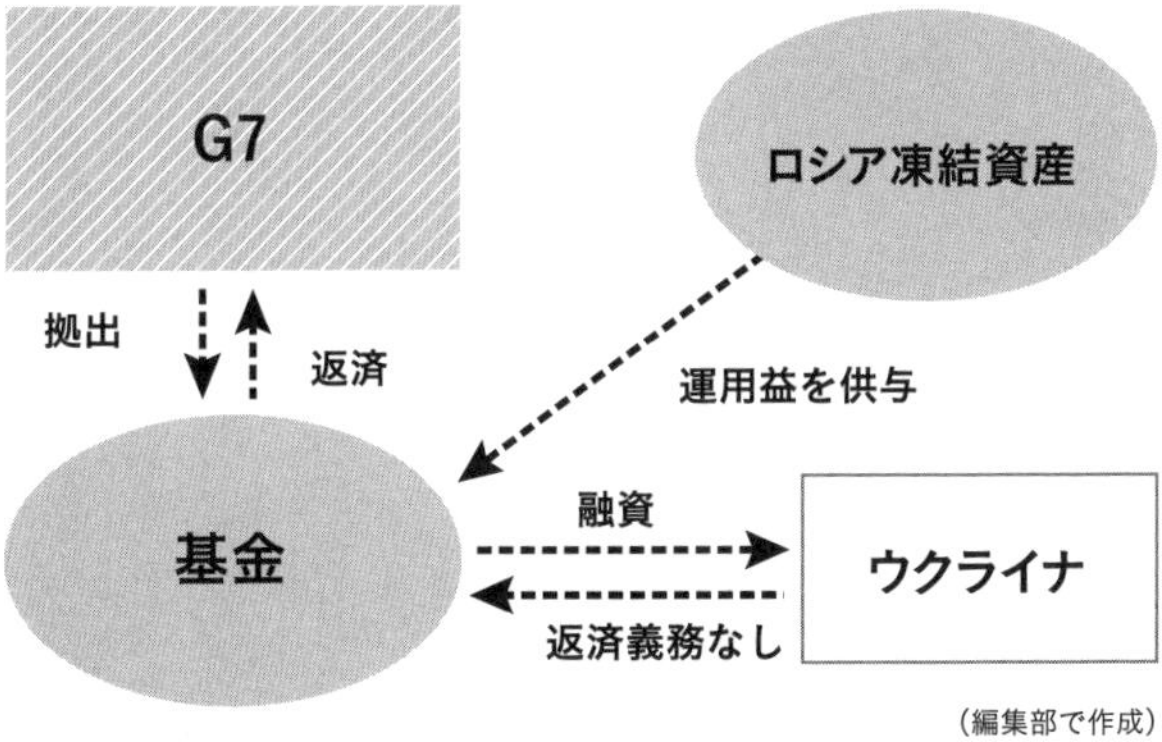

（編集部で作成）

者には「深刻な代償を支払わせる」という。しかし対ロシア制裁の抜け穴がまさに中国であり、制裁の実効性は危ういものだ。

さらに首脳声明では、電気自動車（ＥＶ）などの中国による過剰生産の問題についても懸念が示された。Ｇ７として連携し、対処していくという。

たとえば米国とＥＵは関税引き上げを打ち出したが、日本はそうした対応ができない。なぜなら日本の関税定率法では引き上げに当たって、世界貿易機関（ＷＴＯ）など国際ルールによる対応が厳格に決まっており、現在の国際機関の機能不全は想定外の事態だからだ。

筆者は日本の関税定率法を理念としては理

解できるが、現実的には国際機関の機能不全を考慮した法改正が必要だと考えている。日本が関税引き上げをしないと、中国製品が日本に流入し、他国から非難を受ける恐れがある。

また中国による南シナ海や東シナ海での武力行使や威圧をはじめ、一方的な現状変更の試みに対し、G7は深刻な懸念を示して強く反対している。

このG7サミットでは、ウクライナ支援の継続で結束を確認し、中国を牽制することで西側諸国の一定の結束が図られた点は評価できる。

ゼレンスキー奮闘で民主主義国が援護

ロシアにとって、ウクライナは絶対に西側の勢力に組み込まれてほしくない緩衝地帯だ。ウクライナ侵攻は、ロシア側の立場からすれば切実な危機感から起こったといえる。

ロシアは戦争を起こしてウクライナのNATO加盟を妨害し、さらにウクライナをロシアの領土に組み込むつもりであった。そうしてロシアが忌み嫌うNATOの東方拡大をくい止め、資本主義と民主主義から自国を守ろうと本気で考えている。ロシアは、西側の価値観にはどうしても取り込まれたくないのだ。

ロシアによる侵攻から約2年間でウクライナへ支援した主な民主主義国

単位：億ユーロ

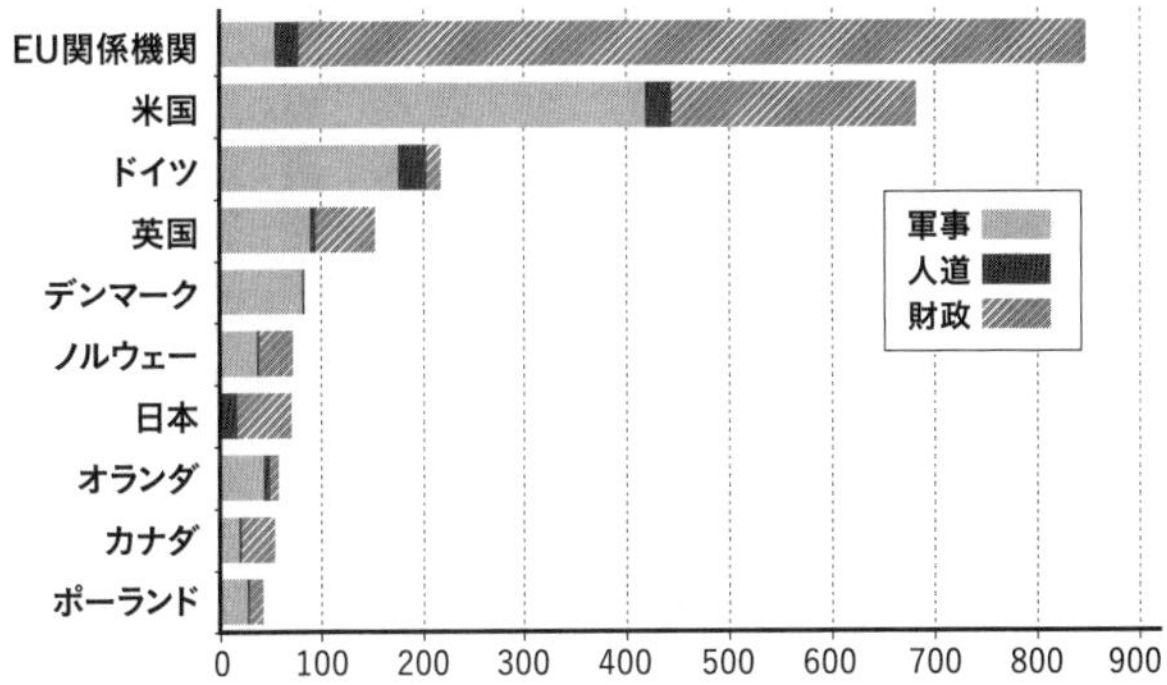

（編集部で作成）

しかし一部の専門家を除き、ロシアが軍事侵攻に踏み切るとは現実的に考えていなかった。ロシアがウクライナに攻め込んだ時、多くの人々はウクライナがロシアに占領されるだろうとみていた。ロシア自身、ウラジーミル・プーチンの「特別軍事作戦」が２週間で完了するだろうと見込んでいたが、世界の予想に反し、ウクライナは驚異的な士気で防衛戦を始めてロシアの攻撃に耐えている。

２０１９年にウクライナ大統領に就任した元コメディアンのウォロディミル・ゼレンスキーは、強いリーダー像を打ち出すというより迎合的なタイプだったという。しかし、軍事侵攻が始まると急に姿勢を変え、「私は逃げない」というメッセージを世界で発信。国民に祖国防衛を訴えた。ウクライナ軍は戦闘が2週間で終わると軽くみていたロシア軍を困らせ、首都キーウの防衛も成功させた。

いくらウクライナ軍の士気が高くても、国際的に孤立していればロシアによる占領は時間の問題だったかもしれない。しかし何とか持ちこたえる姿を見せたことで、NATO加盟国などの国々がウクライナ支援を開始した。日本も例外ではない。ウクライナの奮闘によって、多くの民主主義国が味方についた。

国内にとどまったゼレンスキーが強いリーダーシップを発揮し、彼の指導下で必死に戦うウクライナ軍が意外にも戦闘に長《た》けていたことは、ロシアの大きな誤算だった。

ゼレンスキーがリスクをとった結果、民主主義国を味方につけたことで、ひとまずロシアとの賭けに勝ったといえる。

対ロシア制裁の最大の問題はエネルギー価格

ロシアに対する経済制裁は確実に効果を上げている。しかし、その影響はブーメランのように西側諸国に跳ね返り、少なからぬダメージをもたらした。

日本はロシアから多くの海産物を輸入しているため、海産物の価格が一時上がった。2

ウクライナ侵攻直前のロシアへの G7各国のエネルギー依存度

単位：%

	エネルギー自給率（2021年）	輸入量におけるロシア比率（2020年 ※日本のみ2021年）		
		石油	天然ガス	石炭
日本	13	4	9	11
イタリア	23	11	31	56
ドイツ	35	34	43	48
フランス	54	0	27	29
英国	61	11	5	36
米国	104	1	0	0
カナダ	186	0	0	0

（資源エネルギー庁資料より）

021年時点で、ロシアは輸入額では3位、輸入量では7位で、カニ、サケ・マス類などの上位国だった。しかし海産物の価格が上昇しても、それらを食べなければ死ぬわけではないし、海産物はロシア以外からも入ってくるから影響は限定的だった。

一般市民にはあまり関係ないが、これまでロシアから輸入していたダイヤモンドも入ってこなくなり、一時価格が跳ね上がった。2023年後半からは、合成ダイヤモンド（人工ダイヤモンド）の流通が増えたことで相場は落ち着いている。

しかし、ダイヤモンドの価格自体もそれほど重要ではない。最大の問題はエネルギー価格の高騰だ。欧州ほどではないにせよ、日本はロシアから天然ガスや石炭、原油などを輸入している。これが止まればエネルギー価格が上昇し、一般市民の生活を直撃する。

現在でもガソリン価格が高騰し、電気やガス料金も上昇している。無制限に上がり続けるわけではないが、いったん上がった価格は下がりにくい状況が続くはずだ。トランプが大統領になり、米国がシェールガス規制を緩和すれば、ある程度早期に落ち着くだろう。

ようやくコロナ禍が収まり、景気回復が期待されていた矢先、世界経済が足かせをはめられたようなものだ。エネルギー価格が上昇すると、石油を産出する中東の国々は景気が良くなるが、世界規模ではウクライナ戦争が続く限り、経済低迷も続くと予想される。

プーチンの狙いはウクライナ戦争の長期化

2024年3月、ロシア大統領選でプーチンが得票率87・28％で圧勝した。25年間にわたりロシアを支配してきたプーチンはこの選挙で通算5期目に入り、新たな任期は2030年までの6年間となった。

投票率は77・49％で、これはソ連崩壊以降のロシア大統領選において得票率・投票率ともに最高だとされている。選挙前に投票率70％、得票率80％という目標が示されていたため、この数字に驚きはない。

対立候補は10％以上の票を得られず、プーチンのかませ犬として扱われた。各地方には得票率のノルマが課せられたのか、投票者に豪華景品というエサが与えられた。また一方的に併合を宣言したウクライナ東部および南部の４州でも大統領選を強行した。

一部地域では投票所への放火や、反体制派指導者アレクセイ・ナワリヌイの死に対する抗議行動も発生したが、結局プーチンが再選。この選挙に対し、ＥＵや日米など57カ国・地域は「国際法上、何の効力も持たない」と共同声明を発表してロシアを非難した。

このままウクライナ戦争は長期化するのか、あるいは停戦の可能性があるのかが問われている。そんな中でトランプは「大統領選挙に勝てば、すぐにウクライナ停戦を実現させる」と豪語し、習近平も停戦を目指している。

和平が訪れるのは世界にとっていいことだが、現実にはウクライナがロシアのクルスク州を攻撃したことで停戦は難しくなった。ゼレンスキーは和平の話が現実味を帯びてきているため、ウクライナができるだけ有利になるように仕掛けているのだろう。

一方、プーチンも黙ってはいない。猛烈な攻撃を仕掛け、ウクライナのエネルギーインフラへの攻撃を開始し、すべての目標に命中させたと発表した。

武力衝突が起きたロシア・ウクライナの主要都市

（編集部で作成）

ウクライナはロシアからの攻撃の大半を防いだと主張しているが、この攻撃でウクライナのインフラは深刻な被害を受けた。インフラ施設への攻撃は国際法上重大な違反行為だが、首都キーウを含む多くの都市で停電が報告され、水の供給が途絶えた。ロシアはお構いなしに、長期的戦術の一つとしてインフラを狙っていると思われる。

ゼレンスキーにとっては、トランプや習近平が停戦を持ちかけてくることは歓迎だが、プーチンはその足元をみて戦争の長期化を狙っていると考えられる。

プーチンが戦争の長期化で恐れているのは、欧米の経済制裁が効いて経済が悪化することだが、ロシア経済は意外に悪くない。なぜならエネルギー価格が高値で安定しており、エネルギー輸出や経済制裁にも抜け穴が多いからだ。

　ロシア経済に対しては、経済制裁よりもエネルギー価格を下げるほうが効果的だ。しかし、米国のバイデン政権は環境重視のため、海底から採取されるガスや石油、シェールガス、シェールオイルの増産ができず、エネルギー価格の高止まりを招いていた。

　一方、トランプは「ドリル、ベイビー、ドリル」という合言葉でシェールガス増産を志向している。同時にウクライナ停戦を唱えているため、プーチンにとっては難敵だ。

　プーチンが停戦に応じるためには、ウクライナがＮＡＴＯに加盟しないことが絶対条件となる。しかし、ウクライナがＮＡＴＯ諸国からこれだけ軍事支援を受けている状況では、事実上ＮＡＴＯと一体であるとプーチンには見えるだろう。これが、プーチンが和平を回避して戦争の長期化を望むインセンティブとなっている。

第3章　「機構」から読み解く新冷戦時代

アジア太平洋へ拡大するNATO

ここまで過去の米ソ冷戦時代から、現在の米中経済戦争やロシア・ウクライナ戦争に至るまでの話に言及してきた。では「未来」はどうなるのかだが、今後の世界の勢力図を推察するにあたっては、軍事と経済の「機構」でみると参考になる。特に軍事機構はわかりやすい。左図では社会主義圏と民主主義圏がはっきり分かれている。

民主主義圏の国々から構成される世界最大の軍事機構といえば、北大西洋条約機構（NATO）だ。NATOは、第2次世界大戦後の1949年に結成された国際的な軍事同盟である。

当初はソ連をはじめとする東側諸国への防衛を目的として、米国を中心とする西側諸国が加盟。東側諸国に対抗する重要な軍事同盟としての役割を担っていた。本部はベルギーの首都ブリュッセルに置かれ、最高意思決定機関は北大西洋理事会となっている。

現在は32カ国が加盟し、加盟国同士で集団的自衛権の原則に基づき、相互に防衛し合うことが主な目的だ。2023年時点の加盟国軍隊の合計は約335万人、国防費総額は約1兆840億ユーロ（約174兆円）。2022年6月のNATO首脳会合で、2024

軍事機構でみる勢力図

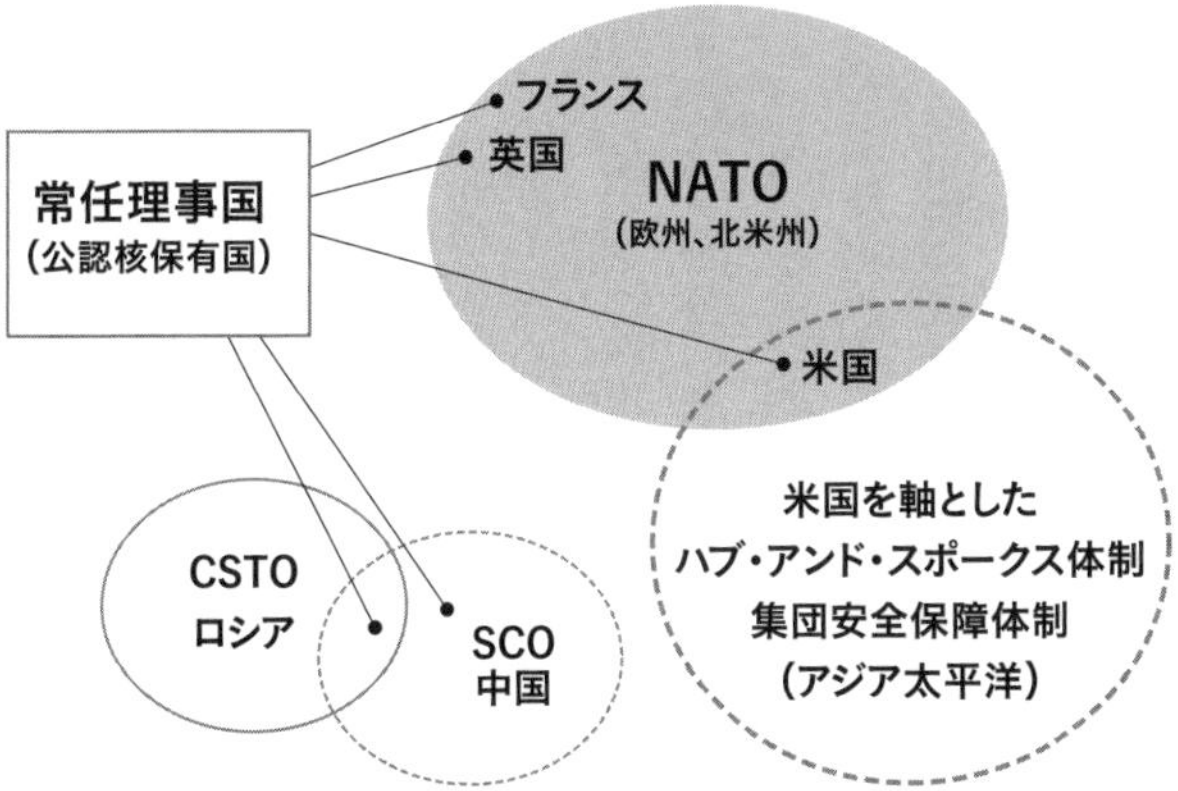

（編集部で作成）

年までに国防費を対ＧＤＰ（国内総生産）比２％水準へ引き上げるという誓約を再確認している。

全加盟国のうち、２％水準を達成する見通しの国は、ポーランド、エストニア、米国、ラトビア、ギリシャ、リトアニア、フィンランド、デンマーク、英国、ルーマニア、北マケドニア、ノルウェー、ブルガリア、スウェーデン、ドイツ、ハンガリー、チェコ、トルコ、フランス、オランダ、アルバニア、モンテネグロ、スロバキアの23カ国だ。

ＮＡＴＯの役割は軍事面だけにとどまらない。加盟国間での政治的協議や、危機発生時の対応なども行っている。冷戦終了後もＮＡＴＯは存続し、現在では紛争の予防、危機管理、平和維持活動なども重要な任務として担っている。

２０１９年12月、首脳会合でＮＡＴＯとして初めて中国に言及した。

また２０２２年６月のＮＡＴＯ首脳会合で新「戦略概念」を打ち出し、中国に関する記述を初めて盛り込んだ。具体的には「中国の野心的かつ威圧的な政策はＮＡＴＯの利益・安全・価値に挑戦してきている」として、対中意識を強めている。

また２０２２年のロシアのウクライナ侵攻は歴史的な転換点だった。

戦後の秩序では、安保理常任理事国が何か事を起こすことを前提としていない。核兵器不拡散条約（ＮＰＴ）についても、常任理事国は核を保持していても何もしないことが前提だったが、それも崩れてしまった。

常任理事国が軍事行動を取れば、安保理が機能しなくなってしまう。いまや国連が機能していないため、欧州ではＮＡＴＯを機能させるしかなくなっている。

そんな中、これまでＮＡＴＯに入っていなかったフィンランドとスウェーデンが焦って加盟した。彼らは長年の中立政策を捨てたのだ。

ウクライナはＮＡＴＯに加盟しておらず、非核三原則を採っていたために、ロシアに攻められてしまった。フィンランドやスウェーデンには、日本の憲法９条のような法律がな

ロシアに隣接するフィンランドと
スウェーデンの地政学的リスク

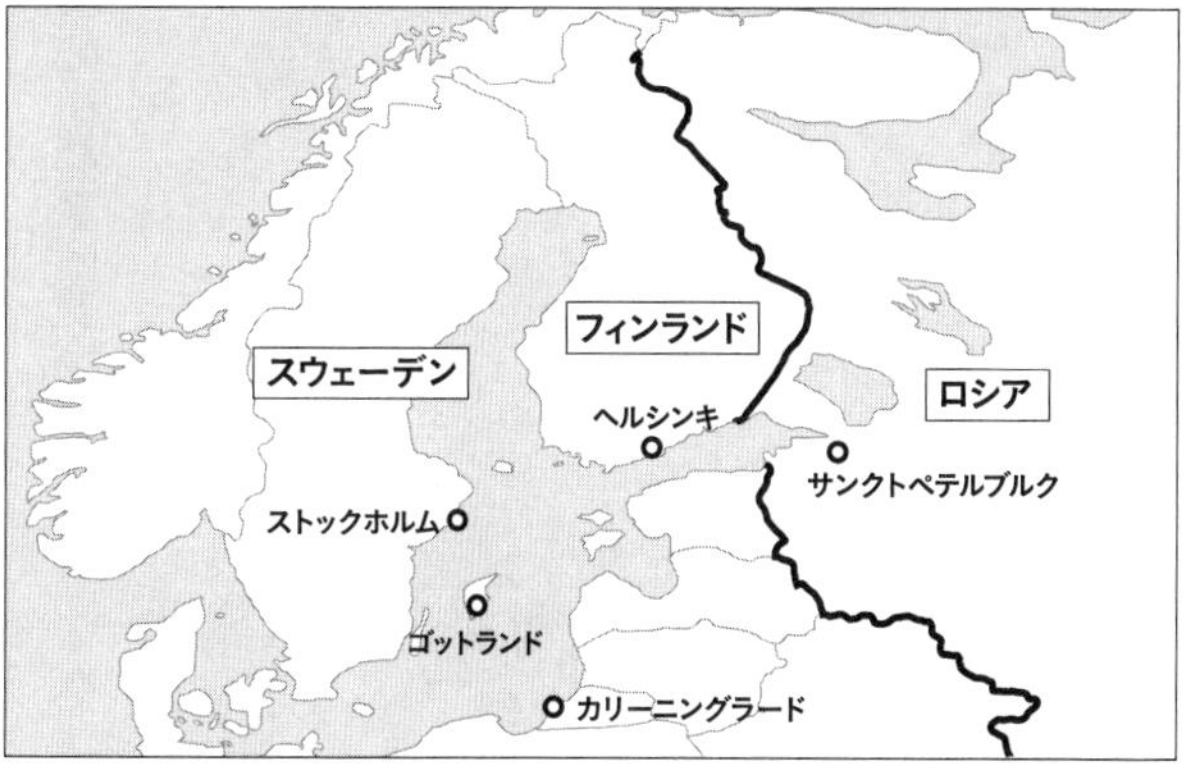

（編集部で作成）

く、それが結果的に良かった。

　こうした背景から、ＮＡＴＯはインド太平洋地域のパートナーとの対話と協力を拡大し続けており、いずれオーストラリアとニュージーランドが加盟する可能性はある。２０２２年の会合には、岸田前首相も日本の総理として初めて出席した。

　しかし、仮に日本がＮＡＴＯに加盟できたとしても、憲法９条の交戦権否認により他国を助けられない。ウクライナに対し、日本はＮＡＴＯ基金を通じて殺傷性のない装備品支援を行ったが、苦肉の策ばかりでは信頼を失う可能性がある。相手が有事の際に助けなければ、相手も日本が有事の時に助けてはくれないだろう。

米軍軸の「ハブ・アンド・スポークス」体制

現在のアジアは中国とロシアが二つの大きな脅威で、しかも両国が連携する状況にある。他に北朝鮮も存在し、危険な核保有国が3カ国も存在する。そのためアジア地域の安全保障には、欧州におけるNATOのような多国間の集団安全保障体制とは異なり、米国を軸とした2国間同盟が複数存在している。

この体制は、自転車の車輪になぞらえて「ハブ・アンド・スポークス体制」と呼ばれている。具体的には、日米安全保障条約、米韓相互防衛条約、フィリピンとの米比相互防衛条約、オーストラリアとの太平洋安全保障条約、そして台湾に対する防衛義務を定めた米国の台湾関係法などだ。

集団安全保障体制なら個別の安全保障体制よりも安全性が高く、戦争を仕掛けられるリスクも低い。なぜならたとえば単体の国との戦争と、多数の国が集まる集合体との戦争を選ぶ場合、後者を選ぶケースは少ないからだ。集団安全保障体制では、複数の同盟国との事前協議が必要で、個別の判断で軍事行動をとることは難しい。そのため、自国が戦争を起こす可能性も低くなる。

米国を軸としたハブ・アンド・スポークス体制

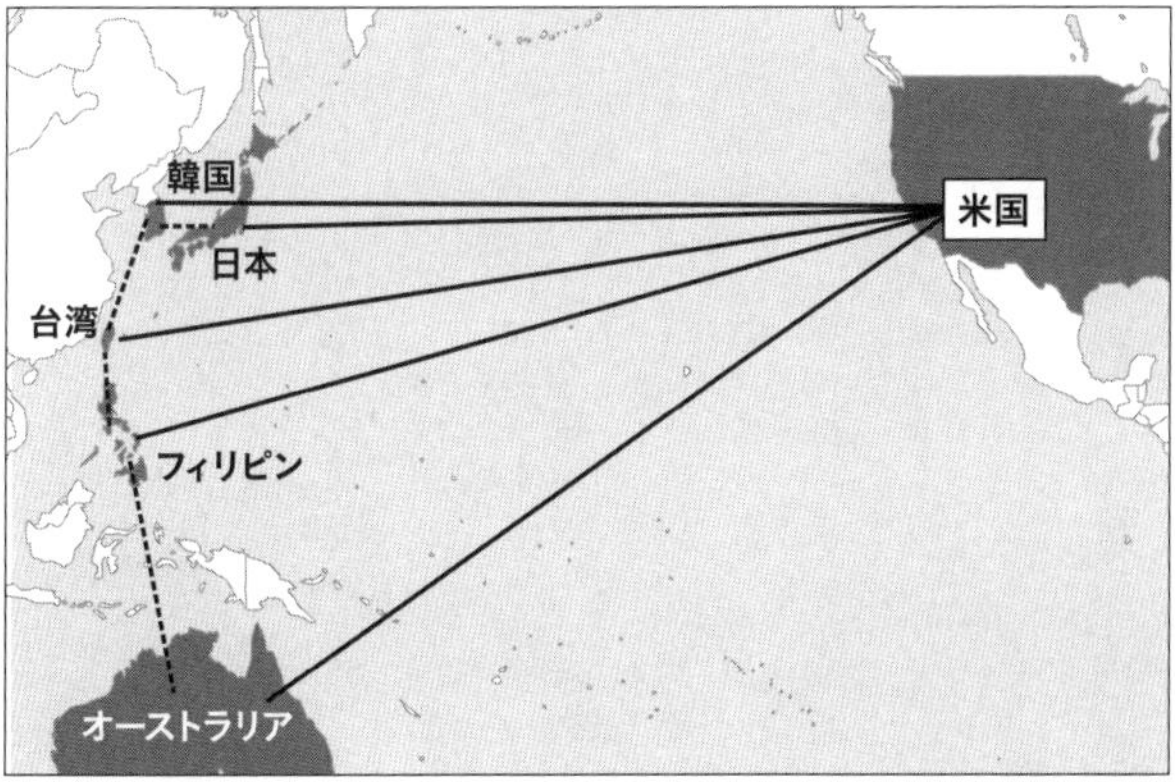

（編集部で作成）

さらに集団安全保障体制には防衛コストを削減する効果もある。米国と安全保障条約を結び、不戦条項を憲法に持つ国として韓国、フィリピン、ドイツ、イタリアが挙げられる。韓国とフィリピンは徴兵制を維持しているが、ドイツとイタリアでは徴兵制が廃止されている。徴兵制は社会的なコストが大きく、集団安全保障体制に参加することで防衛コストを抑えられるのだ。

日米英豪の軍事同盟「JAUKUS」構想

専制・独裁国家の蛮行に対抗するには、現行の日米同盟に加え、英国やオーストラリアなどの準同盟を正式な同盟に格上げする。もしくは米英豪による安全保障枠組み「AUKUS」（オーカス）に日本が加わるのも手だ。

2021年にできたAUKUSの主な目的は、インド太平洋地域での安全保障を強化することだ。そのために、米国と英国は原子力潜水艦技術を提供し、オーストラリアはそれを建造・運用することが柱となっている。また、サイバーセキュリティやAI技術、極超高速ミサイルなど先端防衛技術分野での協力も含まれている。

日本の領海は広大で水深が深いところも多いため、もし1隻でも原子力潜水艦を保有できれば、北朝鮮、中国、韓国、ロシアに対して大きな抑止力となる。公然と宣言はできないが、抑止力として原子力潜水艦に核兵器を搭載する可能性も排除すべきではない。

2020年、日本はオーストラリアとの「相互アクセス協定」に調印し、両国間での軍事協力の枠組みが強化された。

さらに2024年10月、米国防総省はオーストラリアで実施されたAUKUSの海上自律型システムの共同実験や共同演習に、日本がオブザーバー参加したと発表。「2025年以降の演習で日本が正式に参加する立場に移るだろう」という見通しを、同省の担当者は示している。

もし正式加入が実現すれば、日米英豪による軍事同盟「JAUKUS」が誕生する。この新たな軍事同盟は、日本の安全保障を強化する上で非常に効果的だ。中国と北朝鮮が一方的に戦争リスクを高める中、ＪＡＵＫＵＳの実現は一つの有力な選択肢となる。

米国と中ロに二股外交するインド

安全保障対話の枠組みとして他に、少数国家のグループである日米豪印戦略対話（ＱＵＡＤ）がある。加盟国は、日本、米国、オーストラリア、インドの４カ国だ。中国の影響力拡大への対抗軸として、ＱＵＡＤの影響力が高まりつつある。

ＱＵＡＤは２００７年に開始された非公式な戦略対話で、中国の台頭に伴う地政学的なリスクに対処することが主な目的だ。インド太平洋地域の自由で開かれた秩序の維持を共通の理念としている。定期的な首脳会合や外相会合、実務者会合を開催し、海上連携、人道支援、安全保障、経済、サイバーセキュリティなど幅広い分野で協力体制を構築。公式の軍事同盟ではないが、結束を深め、価値観を共有する戦略的パートナーシップだ。

安倍元首相が第１次政権時に世界で初めて提唱した「自由で開かれたインド太平洋」構想をもとに、「セキュリティ・ダイヤモンド構想」として発展。その目的は先述の４カ国間をダイヤモンド状に結んでネットワークを形成し、アジア・太平洋地域の民主主義や法

インド太平洋地域の集団安全保障体制

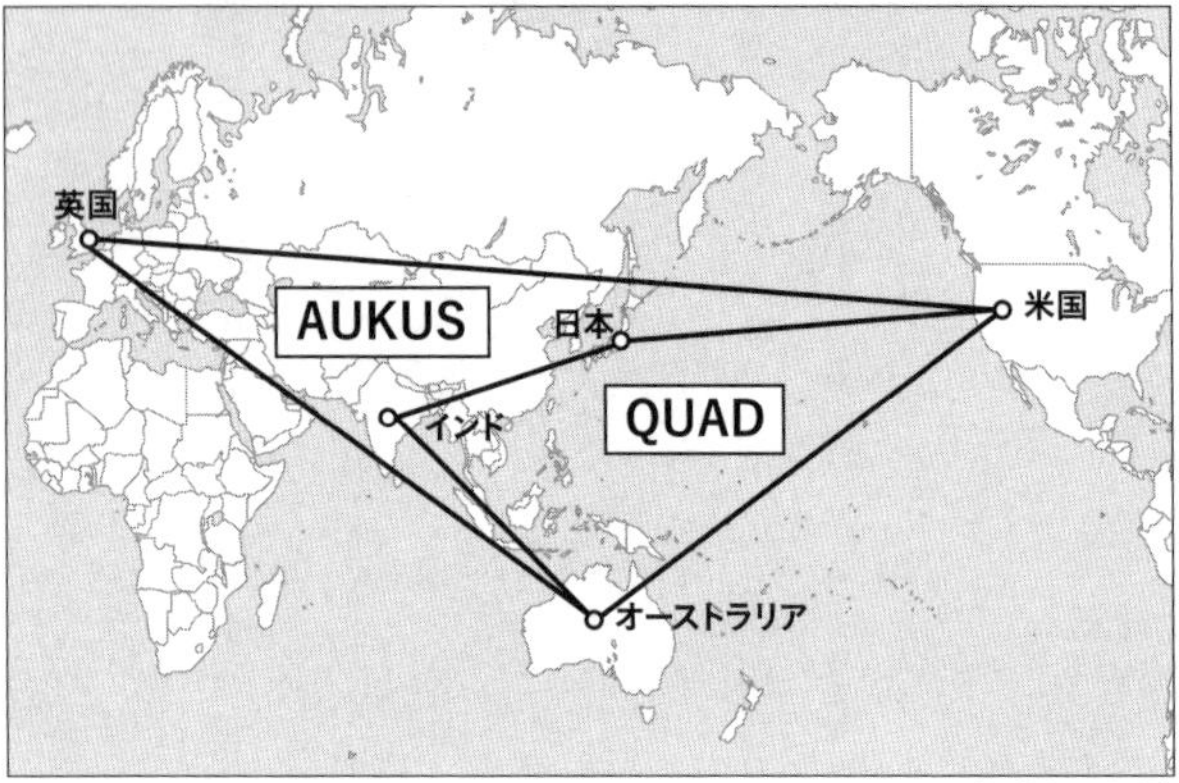

（編集部で作成）

治など共通の価値を守ること。もちろんこれが中国を意識したものだったことは明白だ。

セキュリティ・ダイヤモンド構想は、トランプやバイデンを含む欧米首脳たちがこぞって使用し、国際的な広がりを見せた。それがＱＵＡＤとなり、事務レベル、外相会合、首脳会合と定期的な対話を通じて成長してきた。安倍元首相の最大の功績の一つだ。

日本が米国以外で強く連携を深めるべき国として、最も重要なのはインドだ。しかしインドは、中ロが所属する上海協力機構（ＳＣＯ）の加盟国でもある。

ＳＣＯについては後ほど説明するが、ロシアのウクライナ侵攻を受けて、多くの国がロシアへの経済制裁を開始して強化する中、インドは一切制裁していない。

むしろロシアとの経済関係強化を目指しており、現在６６０億ドル（約10兆２３００億円）の2国間貿易について、２０３０年には50％増やすという目標を打ち出している。またウクライナ東部・南部４州のロシアへの強制併合に対する国連総会の非難決議も棄権した。

つまりインドは現在、片足をＳＣＯに置き、もう片足をＱＵＡＤに置いており、二股外交を展開しているといえる。しかしこれはずるい外交ではなく、インドの地理的条件を理解すべきだ。インドにとって、中国とロシアは米国よりもはるかに近い。そのため完全に米国の同盟国となる選択肢もあったが、インドは自ら核兵器を保有し、自前の安全保障を選んだ。この選択が結果として二股外交に行き着いたのだ。

日本としてはインドを完全にこちら側に引き込みたい。なぜならもしインドがＳＣＯをはじめとした中ロの枠組みから離れれば、中国包囲網が完成するからだ。しかしインドには英国植民地時代の苦い記憶があり、アングロサクソン諸国に対する反感が根強く残っている。場合によっては二股外交を放棄し、完全に中ロ側に立つ可能性も否定できない。

だからこそ日本には外交努力が求められている。同じ非アングロサクソン国として、インドとアングロサクソン諸国との間を取り持つことが、日本の安全保障を強化し、民主主義国家間の連携を深めるためには重要なのだ。

ロシアのCSTOと中国のSCO

旧ソ連諸国を中心とした陣営には、集団安全保障条約機構（CSTO）がある。1992年に結成され、2024年5月時点での加盟国はロシア、アルメニア、カザフスタン、キルギス、タジキスタン、ベラルーシだった。

この機構の主な目的は加盟国の領土保全と安全保障の集団的確保で、NATOに対抗する地域的な軍事同盟と位置づけられている。共同軍事演習、有事の際の集団安全保障措置（軍隊の派遣）などが主な活動内容だ。

事務局はモスクワに置かれ、ロシアが主導的な役割を果たしている。ロシアの狙いは、旧ソ連圏での影響力維持や、中央アジア地域への安全保障の確保だ。

一方で内部亀裂の兆しもある。2024年6月、アルメニアが同盟からの脱退を宣言。その理由は、アゼルバイジャン領内のナゴルノ・カラバフをめぐり、アルメニアとアゼルバイジャンが対立していたからだ。

2023年、武力でこの地域がアゼルバイジャンに奪還された際、アルメニアは自国領

中央アジアにおけるCSTOとSCOの加盟状況

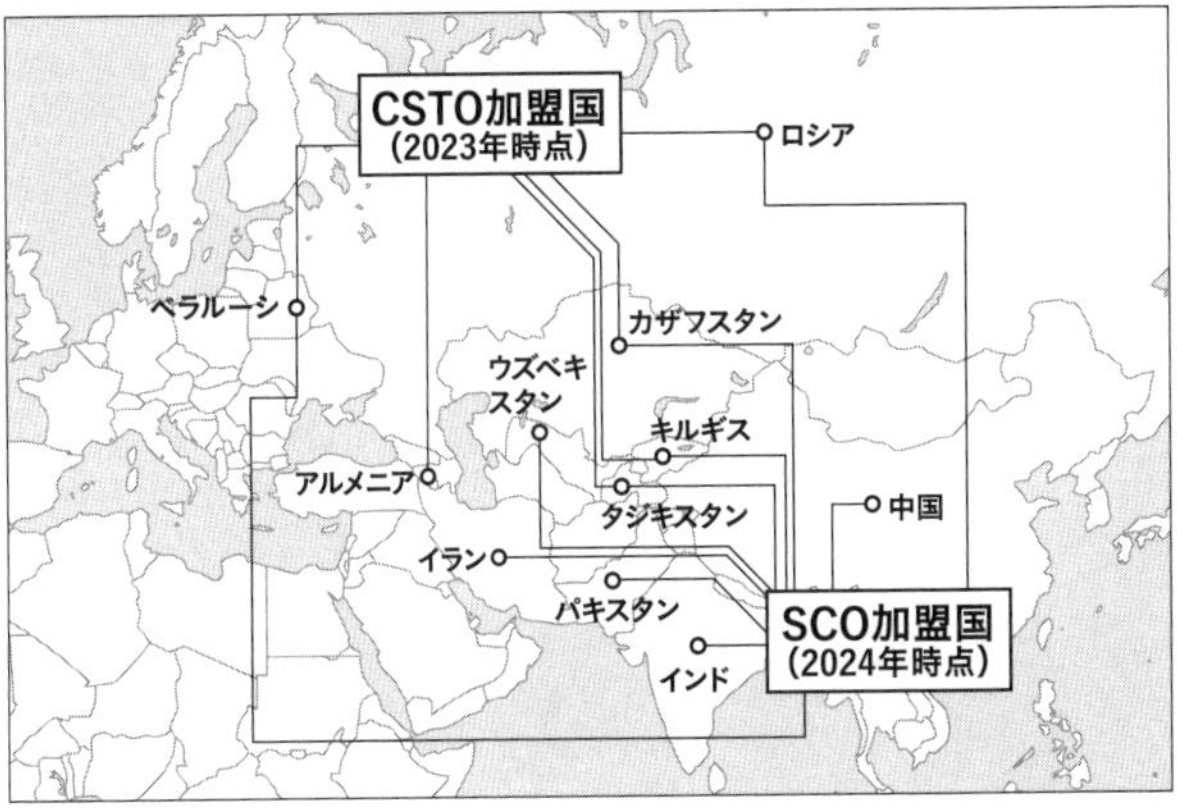

(編集部で作成)

の一部も占領されたとして軍事支援をCSTOに要請。しかし、CSTOは動かず、アルメニアのニコル・パシニャン首相が不満を募らせたという背景がある。

他にもロシアと中国が主導する地域安全保障機構（SCO）もある。1996年に上海ファイブとして発足し、2001年に現在のSCOに改称。正式加盟国は中国、ロシア、カザフスタン、キルギス、タジキスタン、ウズベキスタン、インド、パキスタン、ベラルーシ、イランの10カ国。アフガニスタン、モンゴルなどがオブザーバー資格国となっている（アフガニスタンは2021年タリバン政権復活以降、活動休止）。

中央アジア地域の安定と発展、反テロ対策、経済協力の促進などを目的としている。事務局は北京に置かれ、定期的に首脳会議や閣僚会議を開催。軍事面での安全保障協力も行われており、合同軍事演習なども実施している。中国とロシアの影響力拡大の場ともなっており、エネルギー資源の確保や勢力圏の拡大など中ロの戦略的利益が背景にある。

いずれにせよ、これらの機構は民主主義圏とは一線を画しており、NATOにとって無視できない存在であることはいうまでもない。

「フィンランド化」ウクライナがロシア領に

交戦中のロシア、ウクライナ双方にとって、決定的な打開策を見いだすことが困難な状況だ。現在の膠着《こうちゃく》状態を固定化することが、現実的な「和平案」となる可能性もある。

だが、筆者は近いうちに停戦交渉が行われ、ウクライナがロシアにある程度の譲歩をして停戦が成立するだろうと予測している。ウクライナがロシアに譲歩する場合、ロシアからみて「属国化」と同じ状態になるかもしれない。

厳密にいえば、属国化に近い「フィンランド化」になる可能性があり、それはロシアの軍事圏が広がることを意味する。そもそも第2次世界大戦後、ソ連とフィンランドがどのような関係になったのか、知らない日本人は多い。

ロシアと約1300キロメートルにわたって国境を接しているフィンランドは戦後、共産主義にはならなかったものの、ほぼソ連の属国だった。軍備についても、ソ連の意向に沿わざるを得ない状況が75年間も続いたため、大変な状況だった。

2022年、表向きは軍事的中立を保ってきたフィンランドがNATOに加盟した。ロシアの脅威を目の当たりにしたからだ。

アジア版NATOは日本の憲法問題がネック

2024年9月の自民党総裁選で、石破茂首相は「アジア版NATO」構想を掲げ、党内に新たな議論組織を設けるよう提言。また日米地位協定の見直しにも言及した。

たしかにNATO型の集団安全保障体制は、戦争リスクを抑えるだけでなく、軍事コストを削減する効果もある。そのため、長期的には日本を含むアジア地域全体の安全と平和を守ることにも繋がるだろう。だが、少なくとも任期が短いであろう政治家が、あのタイミングで言及するのは最悪だった。その理由を解説しよう。

アジア版NATOの創設と日米地位協定の見直しは、現在の日米安保条約と深く関連する。さらに、その背景には日本国憲法の問題が横たわっている。まずは日米安保条約の条文を振り返ってみた時に、重要なのは第5条と第6条だ。

第5条では「各締約国は、日本国の施政の下にある領域における、いずれか一方に対する武力攻撃が、自国の平和及び安全を危うくするものであることを認め、自国の憲法上の規定及び手続に従って共通の危険に対処するように行動することを宣言する」とあり、第6条では在日米軍の地位について「別個の協定及び合意される他の取極により規律される」と定められている。

第5条で日本の領域とされているのは、日本が攻められた場合に発動するもので、米国が攻められた場合ではない。そのため「相互」ではなく「片務的」な安全保障といわれている。これを前提に日米地位協定が存在する。

一方、NATO条約では第5条において「締約国は、欧州又は北米における一又は二以上の締約国に対する武力攻撃を全締約国に対する攻撃とみなすことに同意する。したがって、締約国は、そのような武力攻撃が行われた時は、各締約国が、国際連合憲章第51条の規定によって認められている個別的又は集団的自衛権を行使して、北大西洋地域の安全を回復し及び維持するためにその必要と認める行動（兵力の使用を含む）を個別的に及び他の締約国と共同して直ちに執ることにより、その攻撃を受けた締約国を援助することに同意する」とされている。これは日米安保条約とは明らかに異なる。

日米安保条約が片務的である理由は、日本国憲法第９条で交戦権を否定しているからだ。つまり同盟国が攻撃された場合でも、日本は交戦して助けることができない。そのため憲法９条を改正しなければ、日米安保条約を相互的にすることはできないし、ましてやアジア版ＮＡＴＯの創設は進まない。

逆に憲法９条を改正し、日米安保条約を相互的なものに改定すれば、日米地位協定の見直しも自動的に可能となり、将来的なアジア版ＮＡＴＯの創設も視野に入るだろう。

しかしアジア版ＮＡＴＯの実現は、米国とアジア諸国が安全保障をどのようにとらえているかにもよるため、日本だけの考えでは実現できない。他国からはまず日本の憲法問題を解決すべきだといわれるのが関の山。自民党内だけでアジア版ＮＡＴＯをいくら議論しても不十分であり、現実的な政治課題にはならないのだ。

アジア版ＮＡＴＯ創設のシナリオ

アジア版ＮＡＴＯの実現には、かなり時間がかかることを覚悟する必要がある。なぜなら加盟国の間で政治体制や文化的背景に、ある程度の均一性が求められるからだ。欧州や北米大陸の国々は文化的要素が似通っていたが、一方で文化はおろか政治体制も千差万別なアジア地域で、それらの均一性を求めるのは難しい。

過去の試みを振り返ると、アジアでの集団安全保障体制の構築は何度も挫折してきた。なぜなら戦後も韓国では根強い反日感情があったり、日本自身も極端に偏った憲法解釈で、同盟関係の前提となる集団的自衛権の行使を禁じたりしてきたからだ。

米国もアジア諸国の共産化を懸念し、欧州のＮＡＴＯや南北米のＯＡＳ（米州機構）のような組織を作ろうとしたが、域内を包含する広範な安全保障体制は実現しなかった。

たとえば米国、オーストラリア、ニュージーランドは１９５１年に太平洋安全保障条約を結び、１９５４年には東南アジア条約機構（ＳＥＡＴＯ）の設立メンバーとなったが、各国間の利害対立により機能不全に陥った。結局、ＳＥＡＴＯは１９７７年に解散。太平洋安全保障条約も次第に形骸化し、実質的には米国とオーストラリアの２国間条約となった。こうして、多国間の安全保障体制はアジアとオセアニアから消失した。

政治体制においては民主主義国であることが、アジア版ＮＡＴＯ加入の条件となる。そういう観点でいえば、中国の拡張主義的な動きが構築の好機となっている。そもそも欧州でＮＡＴＯが成立した理由は、ソ連という共通の敵が存在し、各国が手を組む必要があったからだ。現在のアジアでは、中国がかつてのソ連のような敵役を担っている。

アジアにおける多国間機構としては、ＡＳＥＡＮ地域フォーラム（ＡＲＦ）がある。ＡＲＦは、インドネシア、タイ、シンガポール、マレーシア、フィリピン、ベトナム、ブルネイ、カンボジア、ラオス、ミャンマーのＡＳＥＡＮ10カ国が中心となって１９９４年に発足した、アジア太平洋地域の安全保障対話の枠組みだ。

設立の目的は、参加国間の信頼関係を構築して紛争を未然に防ぎ、地域の平和と安定を促進すること。だが、加盟国にはＡＳＥＡＮ諸国に加え、日本や米国、中国、ロシアなども含まれており、加盟国間の意見や利害の不一致が大きい。そのため、ＡＲＦを基盤にアジア版ＮＡＴＯを発展させるのは難しい。

まずは中国を共通の敵とする国々で部分的な多国間協力体制を構築し、同盟関係を強化することが現実的だ。２０１６年６月のシャングリラ対話では、当時のカーター米国防長官が「原則に立脚した安全保障ネットワーク」構築の重要性を強調。アジア地域での対中国戦略を視野に入れた集団安全保障体制の構築を推進していた。

構想としては日本とオーストラリア、さらに必要に応じてフィリピンを含めた数カ国で、米国との多国間条約の締結から始めるのがいいだろう。過去、反日感情から日本との集団安全保障体制を拒否していたオーストラリアも、現在では準同盟国となっている。同じくフィリピンとの関係も改善している。この機会に、個別同盟から多国間同盟へと移行することが望まれる。

韓国については反日感情がまだ強く、日本との軍事同盟は支持されないだろう。そのため、韓国が中国側に傾倒しないよう配慮しつつ、集団安全保障体制を確立し、加盟国が増える段階で参加を促す方法が現実的かもしれない。

共通通貨のアジア版ユーロは実現困難

アジア版NATOと似たような話で、EUのように「共通通貨圏の導入はどうか」という考えがある。だが、日本がアジアの近隣諸国と共通通貨圏を形成することは不可能だ。

経済学には、カナダの経済学者ロバート・マンデルが唱えた「最適通貨圏」という理論がある。人やモノの往来が活発であり、経済力が同程度で経済ショックに対してGDPが同様に変動する国々となら、共通通貨圏を形成するメリットがあるという理論だ。

たとえばユーロの事例をみると、1999年に導入した11カ国は地理的条件を満たして

ユーロ導入国

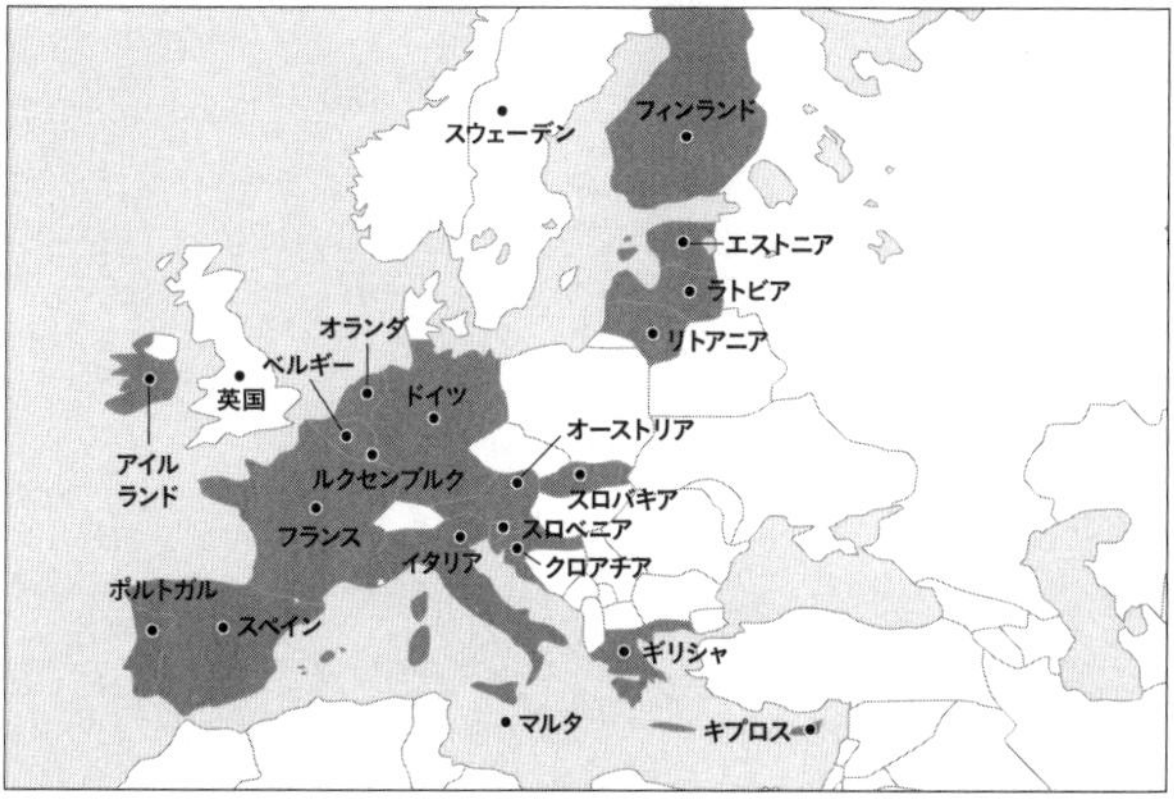

（編集部で作成）

いたといえる。しかし、英国やスウェーデンがユーロを導入しなかったのは、地理的な距離の近さに疑問があったからだろう。

　また他とは経済力が異なる国、たとえばギリシャのような国もある。２００９年のギリシャ危機ではユーロが急落し、共通通貨圏に不適切な国を含めるリスクが露呈した。同程度の経済力を持たない国は、共通通貨圏に入るべきでないことが証明されたのだ。

　ギリシャに加えてポルトガル、イタリア、スペインも財政状況が問題視され、これらの国は頭文字をとって「ＰＩＧＳ」と呼ばれていた。こうした国がまた出てきて財政危機となり、ユーロを不安定にさせれば、日本にも影響が及ぶ可能性がある。ユーロが不安定になると、円が相対的に安全と見なされて、円高に進むことがあるからだ。

国際経済は良くも悪くも常に相互作用している。共通通貨圏は加盟国の条件が合えば強みとなるが、甘さがあると不安材料となる。

アジア地域に目を向けると、欧州のように陸続きではなく、多くの国が海で隔てられている。経済力も国家間で大きく異なり、経済変動も一致しない。さらに、中国や北朝鮮のように国家体制が異なる非民主主義国も存在する。これらの点からアジアは最適通貨圏に当てはまらず、共通通貨のメリットがまったく見いだせない。

かつて、キリスト教を背景とする欧州と異なり、アジアは文化的背景が多様で統合体を作るのは難しいという意見もあった。しかし、これは経済学的視点からすれば的外れだ。アジアで共通通貨圏を作るのが難しい理由は、地理的、経済力的、国家体制的な条件が合致しないためで、文化的背景の違いは関係ない。

似たような話でいえば、自由貿易も市場原理に基づくシンプルな経済協定であるため、文化の違いが障害になることはほとんどない。良いものであれば、文化や宗教に関係なく消費者は選ぶからだ。また自由貿易は明快な市場原理に基づくため、外交交渉として進めやすいという特徴もある。

したがって、アジアでは共通通貨圏の形成を目指すよりも、自由貿易圏を作ることで経済的結びつきを強めるのが最善の策だ。

経済はアジア太平洋、欧州、北米州の3極

経済機構についても次ページの図のように、軍事機構と同じくいくつかの極が存在する。まずは米大陸のUSMCAだ。加盟国は米国、カナダ、メキシコの3カ国で、域内の関税撤廃や投資の自由化を目的とした貿易協定で、2022年時点の域内の総人口は約5億人、GDPは約28兆ドルとなっている。

前身は北米自由貿易協定（NAFTA）という組織だったが、この協定によって米国の製造業、特に自動車産業の雇用が賃金の安いメキシコに移転してしまい、国内に強い不満が募っていた。そこでトランプは、従来のNAFTAのルールに、自動車分野において原産地規則（ROO）の厳格化を加えて、再交渉に臨んだ。そして2020年7月にUSMCAが発効した。

次に欧州大陸にはEUがある。主に西欧の27カ国による政治的および経済的共同体だ。2023年時点の総人口は約4・4億人、GDPは18・3兆ドルだ。

経済機構でみる主な国の勢力図

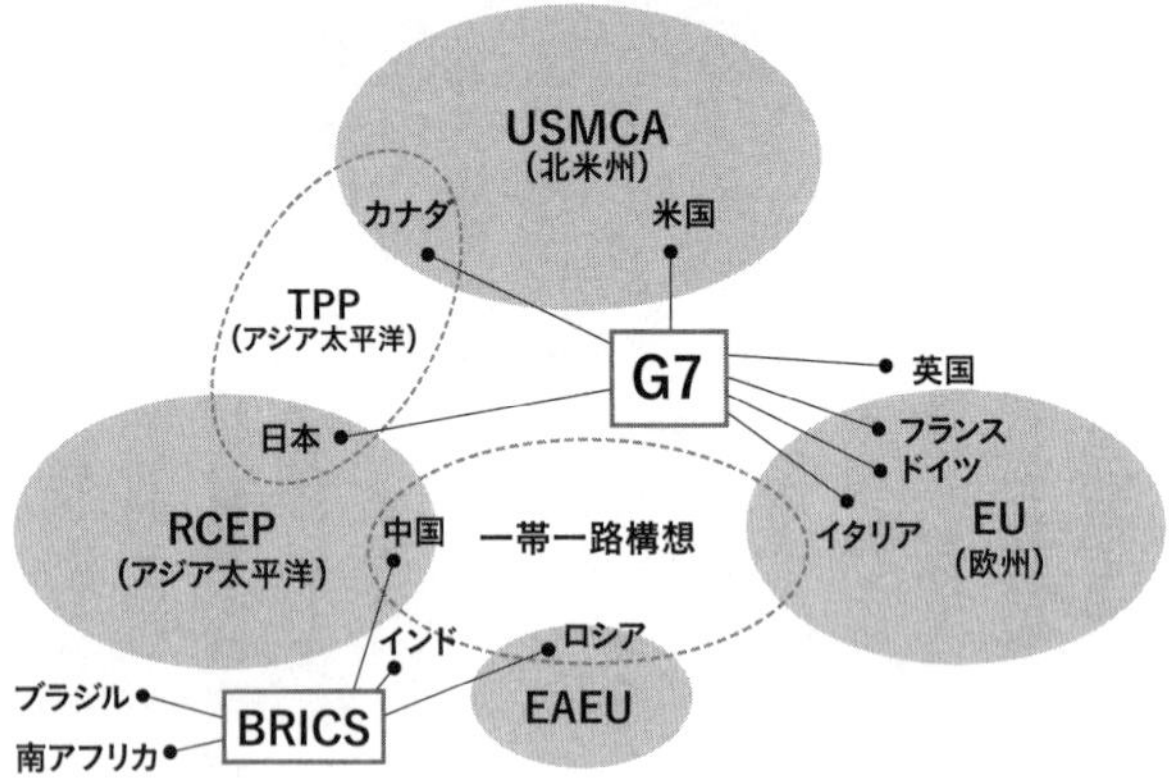

（編集部で作成）

ＥＵには欧州議会、欧州委員会、欧州理事会、ＥＵ理事会などの主要機関があり、これらが法の制定や政策の実施を担当。域内では商品、サービス、資本、労働力が国境を越えて自由に移動でき、多くの加盟国では共通通貨のユーロを使用している。また農業、漁業、地域開発、環境保護、法律、人権保護といった分野でも共通政策を展開している。

アジア太平洋地域には地域的な包括的経済連携（ＲＣＥＰ）がある。２０２２年1月に発効した自由貿易協定で、物品貿易、サービス貿易、投資、電子商取引、知的財産、政府調達、競争政策などの分野が含まれている。

参加国はＡＳＥＡＮの10カ国（インドネシア、タイ、シンガポール、マレーシア、フィリピン、ベトナム、ブルネイ、カンボジア、ラオス、ミャンマー）と、それらのＦＴＡ（自由貿易協定）パートナーである日本、中国、韓国、オーストラリア、ニュージーランド。２０２４年６月には、南米のチリが正式加入を申請した。

２０１９年時点で域内の人口22・７億人、ＧＤＰ25・８兆ドル、貿易総額（輸出）５・５兆ドルは、いずれも世界全体の約３割に達している巨大経済圏だ。

ロシアを中心としたユーラシア経済連合（ＥＡＥＵ）という経済機構もある。主に旧ソ連地域の数カ国による経済連合として、２０１５年に発足。創設メンバーはロシア、ベラルーシ、カザフスタンで、その後アルメニアとキルギスも加盟した。

主な目的は、加盟国間の経済統合を強めて、商品、サービス、資本、労働力の自由な移動を促進することだ。共同市場を形成し、関税制度の統一や経済政策の協調を図ることで、地域経済の発展を目指している。他にも共通通貨の可能性の検討、エネルギー協力、交通インフラ開発、工業協力など、連携分野は多岐にわたる。

他にもこれらの機構と重なり合うかたちでいくつかの経済圏が存在する。いずれも詳しく後述するが、環太平洋パートナーシップ協定（ＴＰＰ）、Ｇ７、ＢＲＩＣＳ、あるいは中国主導の一帯一路などだ。

民主主義国の経済圏から中国排除の動きが加速

太平洋を挟んだ国々からなる経済圏もある。2018年に発効されたTPPだ。関税撤廃や投資ルールの統一化、知的財産権の保護強化などを目指している。加盟国は日本、オーストラリア、ブルネイ、カナダ、チリ、マレーシア、メキシコ、ニュージーランド、ペルー、シンガポール、ベトナムの11カ国。2021年以降、英国、中国、台湾、エクアドル、コスタリカ、ウルグアイ、ウクライナ、インドネシアが加入を申請している。2022年時点で域内の人口は5・1億人、GDPは11・8兆ドル、貿易総額は7・5兆ドルだ。もともとは米国も参加していたが、2017年にトランプ政権が離脱を表明し、バイデン政権になってからも復帰しなかった。そのため米国主導から日本主導に移行した。

今後、民主主義国としての条件をクリアしている台湾も、TPPに参加する可能性がある。一方で、中国は非民主主義国なので、国有企業改革や資本自由化の基準をクリアしていない。TPPの基準はそうした国が簡単に入れないよう要件が高く設定されている。TPPは中国を含めない経済的包囲網としての役割を果たしているというわけだ。

中国もそのあたりは先読みしていて、TPP内に中国シンパを送りこんでいる。それがシンガポールとマレーシアで、台湾加盟に反対する可能性がある。その場面こそが日本の出番だ。主導権を握る日本には、シンガポールとマレーシアを説得できるような外交力が求められている。これにより中国を牽制しつつ、台湾をＴＰＰに迎え入れられる。

中国の軍事力はもとより経済力も警戒すべき要素だが、中国が一党独裁体制である限り、今後10年間で大きな経済成長を遂げることは困難だとも予測される。

特に近年、民主主義国と独裁国家の間で経済的な分断が進んでいる。中国に工場を持つ企業が撤退したり、重要資源の中国依存度を下げたりする動きが進行中で、民主主義国は中国離れを進めている。

その代表例がインド太平洋経済枠組み（ＩＰＥＦ）で、これは「中国を除いた経済圏」を構築する構想だ。オーストラリア、ブルネイ、フィジー、インド、インドネシア、日本、マレーシア、ニュージーランド、フィリピン、韓国、シンガポール、タイ、米国、ベトナムの14カ国が参加している。

２０２１年、中国はＴＰＰ加盟を申請したが、一党独裁で資本取引の自由が確保されていないため加盟要件を満たしていない。むしろ、ＴＰＰの要件は中国が加盟できないように設定されているともいえる。

中国はこれまで「政治と経済は別」とし、資本主義や民主主義国ともうまく付き合ってきたが、そのバランスは崩れつつある。経済力が弱くなれば軍事力も自然に弱くなるが、それだけで中国の野心がくじかれるわけではない。

2022年10月に開催された共産党大会で習近平が国家主席就任3期目に突入し、今後、目立った成果を示す必要がある。その最も望ましい成果は台湾統一だ。習近平が台湾侵攻に踏み切る可能性は高く、その後は尖閣諸島や沖縄を奪取し、太平洋を二分するという野心は今後も変わらないだろう。中国の孤立はますます進みそうだ。

TPPに核兵器保有国の英国が電撃参加

一般的に貿易と安全保障は密接に関連している。経済的な結びつきが強ければ軍事的な結びつきも強くなる。なぜなら対立関係にある国とは貿易を行わないのが通常だからだ。

ひとたび戦争が起きれば、相手国への投資が無駄になるだけでなく、自国民が危険にさらされる。故に貿易は戦争の可能性が低い国、すなわち安全保障条約を結んでいる国同士で行うことが理想なのだ。EUとNATOの関係がその典型例である。NATOは米国、カナダ、欧州諸国間の軍事同盟で、EU圏の国の多くも加盟している。

TPPに核保有国の英国が新加盟

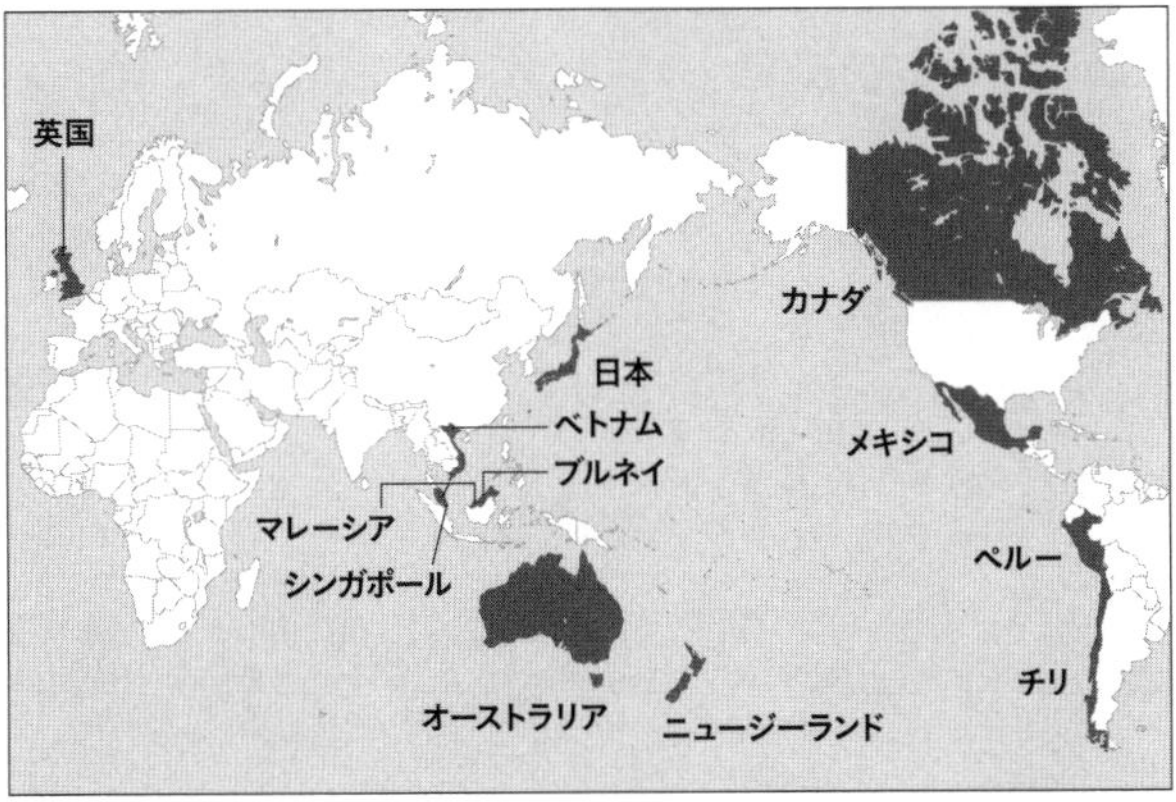

（編集部で作成）

そこへいくと英国のＥＵ離脱は一見解せない決定にも思えるが、政治にはこのような混乱がつきものだ。英国がＥＵから離脱した以上、新たな貿易圏を模索するのは自然な流れであり、そこで目をつけたのがアジア太平洋地域だった。

２０２３年7月、日本は英国のＴＰＰ加盟に関する議定書に署名した。２０２４年12月に発効する見通しだが、英国の正式加盟は、ＴＰＰにとっても有益だ。経済大国であり核兵器保有国でもある英国が参加したことで、今後は安全保障の面でもＴＰＰの組織強化が期待される。

いずれはウクライナのＴＰＰ参加も視野に入れるべきだ。そうすれば、たとえばロシアからの小麦の輸入が途絶えて価格が急騰するリスクを、ウクライナの小麦を輸入することで打ち消せるといったメリットが出てくる。

貿易と安全保障は密接に繋がっているため、英国は日本、米国、オーストラリア、インドの4カ国によるＱＵＡＤにも加わる可能性がある。ＱＵＡＤには英国と関係の深い英語圏の国々が名を連ねており、参加しやすい環境にあるからだ。

実際に、２０２１年9月に英国は空母クイーン・エリザベスをインド太平洋地域に展開し、日本や米国と共同訓練を実施した。

この行動の背景には、中国の香港やウイグル問題がある。香港問題で英国はメンツを失い、ウイグルの人権問題も欧州で大きな関心事となっていた。日本だけでなく英国にとってもＴＰＰやＱＵＡＤは貿易と安全保障で対中国包囲網としての役割が大きいのだ。

ＴＰＰには中国が参加できない国有企業改革や、資本自由化という高いハードルがあり、ＱＵＡＤは自由・民主主義を基盤としている。この点で、中国の非民主主義とは対極をなすものである。日本国内ではＴＰＰやＱＵＡＤへの参加に反対意見もあるが、国際社会で共通の価値観を持つ国々が貿易と安全保障で結束するのは自然なことだ。

一帯一路構想で中央アジアや中東、欧州、アフリカなどを結びつけ、大陸を越えた連携を強化する中国に対し、今後もアジア太平洋地域と英国は結束を強めていくだろう。

G7に挑戦するBRICS

軍事同盟や経済機構が乱立する中、最近台頭しているのが新興経済圏BRICSだ。この名称は、2001年に経済学者ジム・オニールによって造語された「BRICs」(ブラジル、ロシア、インド、中国)が元となり、2011年に南アフリカ共和国が首脳会議に参加した後、「S」を大文字表記にして「BRICS」と総称されるようになった。

設立の主な目的は、新興国同士の経済協力と国際金融システムの改革だ。2009年以降、毎年首脳会議が開催され、経済分野での協力が話し合われている。

2014年にはBRICSの新開発銀行が設立。これはIMFが支える戦後の為替相場安定のメカニズム「ブレトン・ウッズ体制」に対する挑戦を意味している。また、中国が主導して設立したAIIBとはホットラインの開設などを通じて共存を図っている。

2024年1月、イラン、エジプト、UAE、エチオピアの4カ国が加わり9カ国まで拡大し、その後も加盟希望国は続々と増えている。

2024年10月にロシアで行われた第16回BRICS首脳会議では、正式加盟国は追加

BRICSの加盟国とパートナー国が拡大

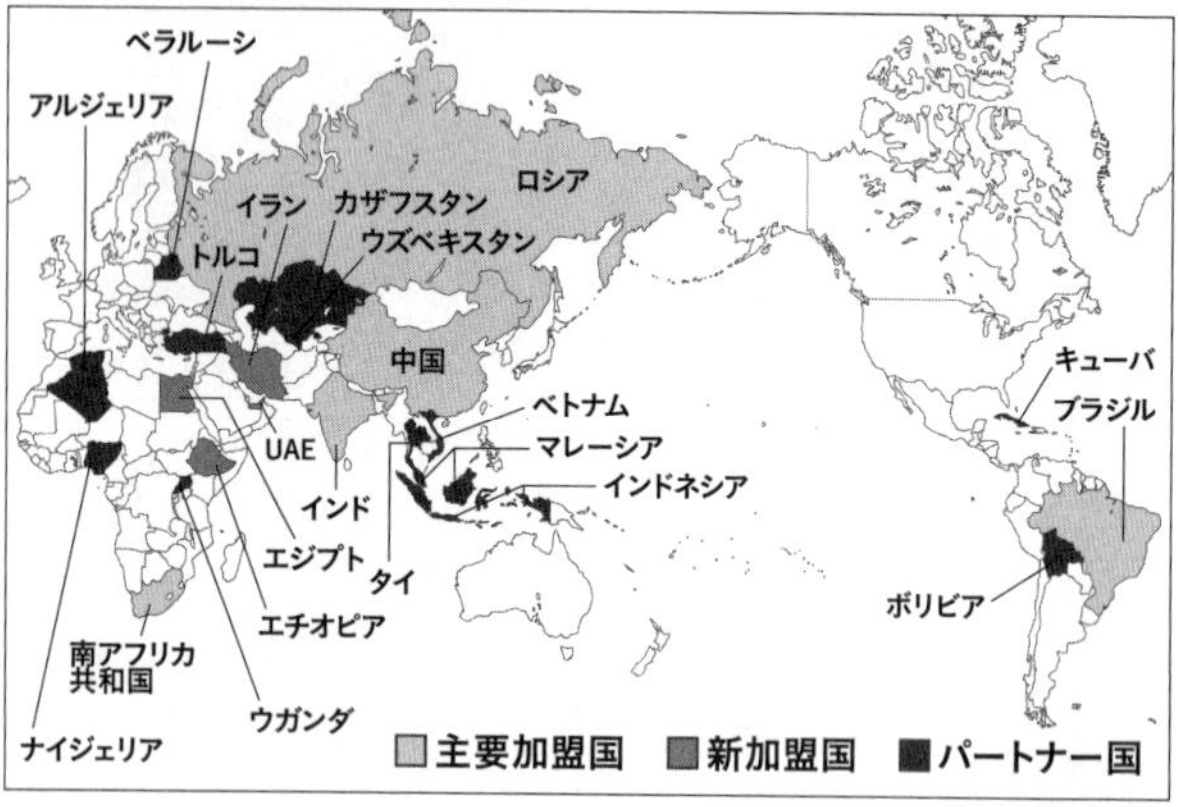

（編集部で作成）

されず、新たに「パートナー国」の枠が創設された。パートナー国とは、いわば準加盟国に該当し、経済協力や会議に参加する権利を持っている。

パートナーになったのは、トルコ、インドネシア、アルジェリア、ベラルーシ、キューバ、ボリビア、マレーシア、ウズベキスタン、カザフスタン、タイ、ベトナム、ナイジェリア、ウガンダの13カ国だ。

ＢＲＩＣＳは、主要先進国であるＧ７にとって最大の地政学的ライバルだ。とりわけ中国は覇権争いという点で米国への対抗心が強い。ただし、インドは先進国との対立を望んでおらず、決して一枚岩ではない。

ＢＲＩＣＳ９カ国だけで世界人口の約45%、

ＧＤＰ規模は約28％を占めており、勢いのある新興国グループには違いないが、課題も多い。果たしてＧ７やドルの覇権に対抗する勢力となるのだろうか。

そこでＢＲＩＣＳとＧ７の人口やＧＤＰを、ＩＭＦの２０２３年のデータで比較してみよう。人口はＢＲＩＣＳが35・9億人に対し、Ｇ７は７・８億人である。ＧＤＰは、途上国で過大になりやすい購買力平価でみると、ＢＲＩＣＳは63・６兆ドル、Ｇ７は52・８兆ドル。市場レートでみると、ＢＲＩＣＳは28・３兆ドル、Ｇ７は46・８兆ドルだ。

ＢＲＩＣＳは、Ｇ７に挑戦するグローバルサウスの国際協議体であると、自らを位置付けてきた。欧米のシステムから独立、あるいは補完する金融システムの確立が目標だ。長期的には、米ドル以外を使った貿易を増やし、米ドル依存を下げたいという野望がある。

現状の国際金融における通貨の利用状況がどうなっているのかについては、国際決済銀行（ＢＩＳ）で３年ごとに調査している。それによれば、２０２２年4月の通貨別取引高の各通貨シェアは、ドル44・２％、ユーロ15・３％、円８・３％、ポンド６・５％、中国人民元３・５％、豪ドル３・２％、カナダドル３・１％、スイスフラン２・６％、香港ドル１・３％、スウェーデンクローネ１・２％、その他10・８％だ。これをみると、通貨に関しては圧倒的にＧ７がＢＲＩＣＳをリードしている。

たとえば人民元は最近シェアを増やしているが、それは本当の通貨の実力ではない。香港ドルがシェアを落とした影響が出ているだけであって、人民元はまだポンドにも及ばない。したがって、ＢＲＩＣＳがドルから脱却するのは当面は難しいというのが結論だ。

ＢＲＩＣＳの稼ぎ頭がインドに

インドの人口が中国を超えて世界一になった。今後、インドがＧＤＰで上位に立つ可能性について考えてみよう。

まず、ここで重要となるのが、民主主義と経済成長との関係だ。ミルトン・フリードマンは50年以上前に、「独裁政治は資本主義経済と長期的に相いれない」と説いた。

その理論を証明するにあたっては英エコノミスト誌が毎年発表している「民主主義指数」が参考になる。これは世界１６７の国・地域の民主主義の成熟度を数値化した指標だ。この指数が「６」以上の国は一人当たりＧＤＰが１万ドルを超えるが、「６」未満だと超えにくいことが証明されている。この現象を「中所得国の罠」と呼ぶ。

そこへいくと、中国の民主主義指数は２・１で、一人当たりＧＤＰは１・２万ドル程度だ。そのため筆者は中国が長期的に１万ドルを超え続けることは難しく、最終的に民主主義国との覇権争いに敗れると予測している。現在、中国の人口は14・1億人でＧＤＰは17・8兆ドルだが、25年後に人口は13億人に減少し、ＧＤＰは13兆ドル程度で止まると見られる。

一方、インドの現人口は14・3億人でＧＤＰは3・5兆ドル。25年後には人口が約16億人まで増え、民主主義指数を現在の7・2前後で維持できればＧＤＰは36兆ドル、一人当たりＧＤＰは2・3万ドルに達する可能性がある。

経済力でインドが中国を抜き、米国をしのぐ水準になるのは時間の問題だ。この変化は世界秩序に大きな影響を与える。中国の台頭に伴い、民主主義と非民主主義の対立が顕著となったが、インドの躍進によって非民主主義は後退し、戦争リスクも低下するだろう。

インドは民主主義国家であり、英語圏なので交易をどこの国とも比較的簡単に始められる。多くの国がインドとの経済関係を深めれば成長の果実を得られるため、インドが中国に取って代わる余地は十分ある。非民主主義の中国モデルに代わり、民主主義のインドモデルが台頭するだろう。

そうなれば、安倍元首相が提唱した「自由で開かれたインド太平洋」の時代が到来する。今後10年、非民主主義国が幅を利かせる不安定な時代を乗り越えれば、世界にはより明るい未来が待っているのだ。

「一帯一路」参加国はグローバルサウスのみ

2013年、中国の習近平は古代シルクロードを現代版にアップデートした「一帯一路」構想を提唱した。アジアから欧州を結ぶ陸路や海上ルートを整備し、貿易を活性化させ、経済成長を促すことを目指している。

この一帯一路には、複数の物流ルートが存在する。中国の主要都市と欧州を結ぶ貨物列車、道路やパイプラインの整備を進め、中東や中央アジアからのエネルギー供給を確保する多様なルートを築いている。海上ルートも一帯一路の重要な要素で、たとえばオーストラリアやスリランカ、ギリシャなど、中国は各国の港の建設に投資し、長期的な使用権を取得。物流ネットワークを強化してきた。

2023年10月、中国は一帯一路構想10年目を記念し、国際協力フォーラムを開催した。その際、一帯一路内での貿易増加といったそれまでの成果を強調したが、現状は当初の期待とは異なる展開を見せている。実際は2015年をピークに投資額が減少しているのだ。これは中国経済の失速が原因で、期待されたほどの巨額投資も実現していない。

中国政府が公表する一帯一路構想のイメージ図

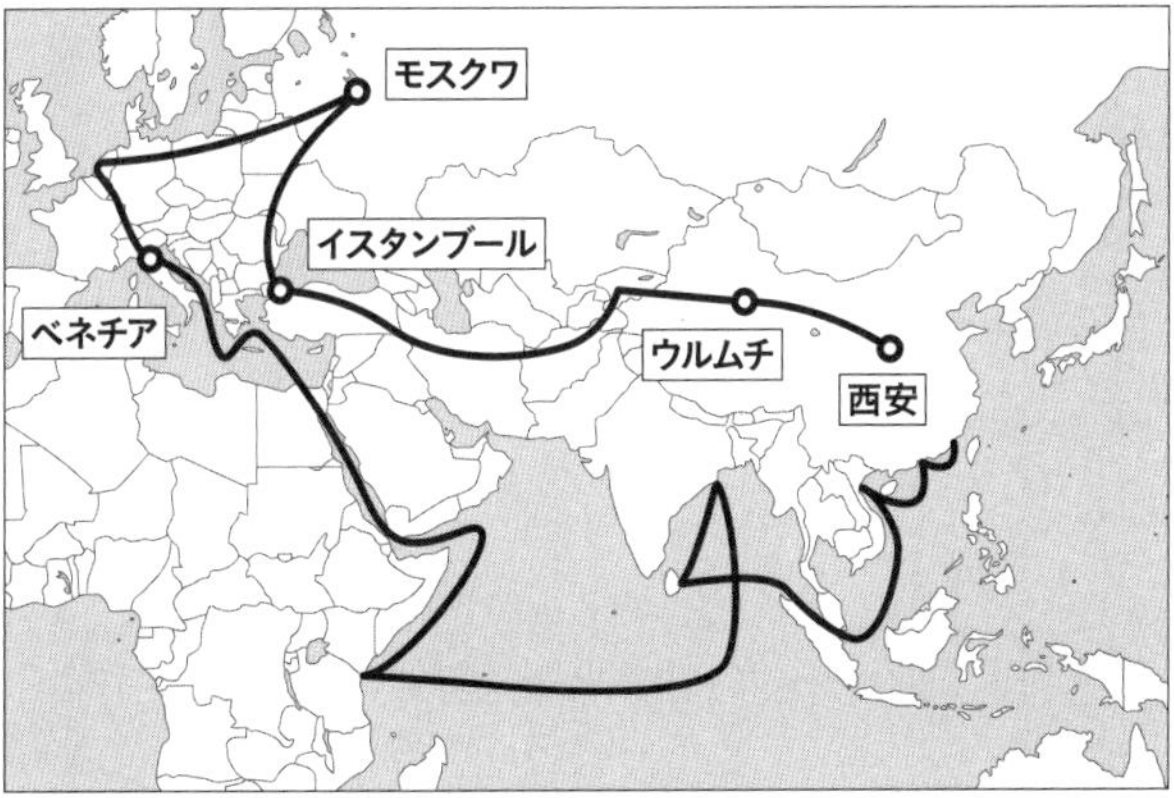

（編集部で作成）

当時、中国政府は契約総額が３００兆円に達したと発表していたが、誇張が含まれている可能性がある。過去の中国政府の統計にも疑問点が多く、うのみにするべきではない。

さらに米中対立や中ロ接近により、民主主義対非民主主義の分断を招き、多くの国が一帯一路への関与を見直し始めている。中国の厳しい融資条件を呑《の》んでしまい、債務返済に苦しんでいるスリランカがいい例だ。

これに対し、日本やインド、先進国からなるパリクラブ（主要国債権国会合）はスリランカの債務問題に対処している。パリクラブとは１９５６年に設立された、主要な債権国が加盟する非公式な会合のこと。借入国（主に途上国）が債務返済に困った際、債務の再編や返済猶予などを協議し、負担を軽減するための取り決めを行う場だ。

こうしたスリランカのような事例が相次いだことで、一帯一路構想の評判は低下の一途をたどっている。しかしこの構想が出てきた当初は、日本でも「バスに乗り遅れるな」と参加を促す声も多く聞かれ、大きな注目を集めていた。

筆者もテレビの討論番組で日本の参加の是非を議論したことがある。その際、筆者だけが「そのバスはオンボロだ。高利貸だしリスクが高い」と反対したが、他は全員が参加に賛成だった。

先述した通り、一人当たりＧＤＰと民主主義には明確な相関があるため、非民主主義国の中国はいずれ経済成長が鈍化する。筆者には、そうした長期的な見通しがあった。

構想から10年間、Ｇ７の中で一帯一路の国際協力フォーラムに参加したのはイタリアのみ。そのイタリアも２０２３年12月、正式に一帯一路から離脱した。

振り返ってみれば、筆者の判断が正しかったことは明白だ。一帯一路に参加した国々の中には、イタリアやスリランカのように後悔している国もある。アフリカ諸国も参加を続けているが、高金利の借金であることにいずれ気づくだろう。

現在、多くの国々が一帯一路構想からの離脱を検討し、中国本土の経済も厳しい状況にある。そのため、構想自体がやがて消滅する可能性は高い。

ちなみに参加国の首脳級の人数は、２０１９年フォーラムでは約40カ国だったが、２０２３年フォーラムでは24人に減少。参加したのはロシアのプーチン大統領やロシア寄りのハンガリー首相など、グローバルサウスの限られた面々だった。グローバルサウスとは、主にラテンアメリカ、アフリカ、アジアの南半球に多い発展途上国を指す言葉だ。

これらの国々は、歴史的に西欧諸国による植民地支配や不利な貿易条件により南北格差に苦しめられてきた。中国やロシアは、主に北半球の先進国と対比されるグローバルサウスを何とか取り込もうと必死だ。一方で中国は国際機関との協力も始めており、かつてのように単独で世界を制覇するという野望は薄れつつある。

中国経済の自滅で一帯一路も衰退

ＢＲＩＣＳの拡大は、中国の外交力の成果という見方もある。たしかに中国は存在感を増しているが、ＢＲＩＣＳが目指す脱ドル経済の実現可能性には大きな疑問が残る。

中国は一帯一路構想を提唱する前から、アジアや中東、アフリカの途上国に経済支援を行い影響力を強めてきた。ＡＩＩＢを設立して金融面でも後押ししてきたが、現実的に一帯一路構想はうまくいっていない。それどころか中国経済自体が行き詰まりつつある。

　たとえば中国最大の不動産会社、恒大集団の問題はその氷山の一角である。恒大集団は過剰な債務を抱えて深刻な経営危機に陥っている。負債総額は約49兆円に上り、世界最大級だ。２０２１年、資金繰りに窮して一部債務の返済が滞り始めた。その後、一部債務で期限内返済を実施できず、デフォルト（債務不履行）に陥った。政府の介入を求める声もあったが、モラル・ハザード問題から対応は難航している。

　恒大集団の債務問題では、中国の不動産バブル崩壊の引き金となるリスクも指摘されており、中国経済と世界金融市場への波及が危ぶまれている。中国では不動産開発業者への資金供給ルートとして「シャドーバンキング」が暗躍していた。これは従来の銀行業務とは別のかたちで信用供与が行われる金融活動のことだ。

　恒大集団は事業拡大に伴い、銀行借り入れだけでなく、シャドーバンキング経由で富裕層向け私募債（社債の一種）を発行するなど多額の資金調達をしてきた。だが、昨今の中国当局による不動産規制の影響で資金繰りが悪化し、元利払いにも支障が出始めた。

　このように、シャドーバンキングによる不良債権問題の闇は深い。中国の地方政府が傘下に置く投資会社（地方融資平台）の負債額は、ＩＭＦの推計で約１３００兆円に達する。

その他の民間のものを含めると天文学的数字になる可能性があるのだ。

日本で「不良債権償却大魔王」の異名を取っていた筆者でも、中国の会計や破産制度の不備については想像がつかない。かつて日本では約１００兆円の不良債権を確定し、個別に処理して公的資金を注入した。しかし中国にはそのようなシステムがなく、トップが不良債権を認めないことが致命的だ。

さらに中国の停滞の根拠は、前述した「中所得国の罠」にある。民主主義指数が「６」未満であるがゆえに、一人当たりGDPが1万ドルを超えられない。２０２３年のBRICS各国の民主主義指数は、南アフリカ７・０、ブラジル６・７、インド７・２、ロシア２・２、エジプト２・９、エチオピア３・４、イラン２・０、UAE３・０となっているが、中国は「２・１」しかない。

中国が非民主的な専制国家でありながら、長期にわたり経済成長し続けることは、社会科学の理論からみると難しい。そのため、国内の政治的不満のはけ口として台湾侵攻などに及ぶ可能性がある。

専制政治を敷く産油国は中所得国の罠の例外になっているが、その理由は国内に莫大《ばくだい》な石油資源があるからだ。産油国を除くと非民主主義国の一人当たりGDPはせいぜい１万ドル、つまり年収150万円程度に過ぎない。

中国への対抗策として、G7は民主主義国での経済圏構想を提案している。このアプローチにより、南アフリカ、ブラジル、インド、アルゼンチンに接近するだろう。

RCEPを足掛かりにアジアを狙う中国

貿易圏について話を戻そう。アジア最大の地域的な包括経済連携（RCEP）には最終的に日本、中国、韓国、オーストラリア、ニュージーランド、ASEAN諸国など15カ国が参加。2023年6月までにミャンマーを除く14カ国で発効した。

なお、インドは2019年11月以降の交渉には参加せず、途中離脱している。当時、参加国のうち1割のGDPと4割の人口を占めていたインドだが、貿易赤字などの国内事情から中国産品の流入を懸念したという事情がある。インドの離脱は、参加国の中で中国の存在感が相対的に増すことを意味する。将来的にインドが参加しやすい道を残すため、関連会合へのオブザーバー参加容認などを定める15カ国の閣僚宣言を発出している。

ASEANの10カ国をどのように取り込むかは、日本の大きな課題だった。菅義偉元首相が初めての外遊先にベトナムとインドネシアを選んだのは、ASEANの中で日本に近

ASEAN＋6域内の勢力図

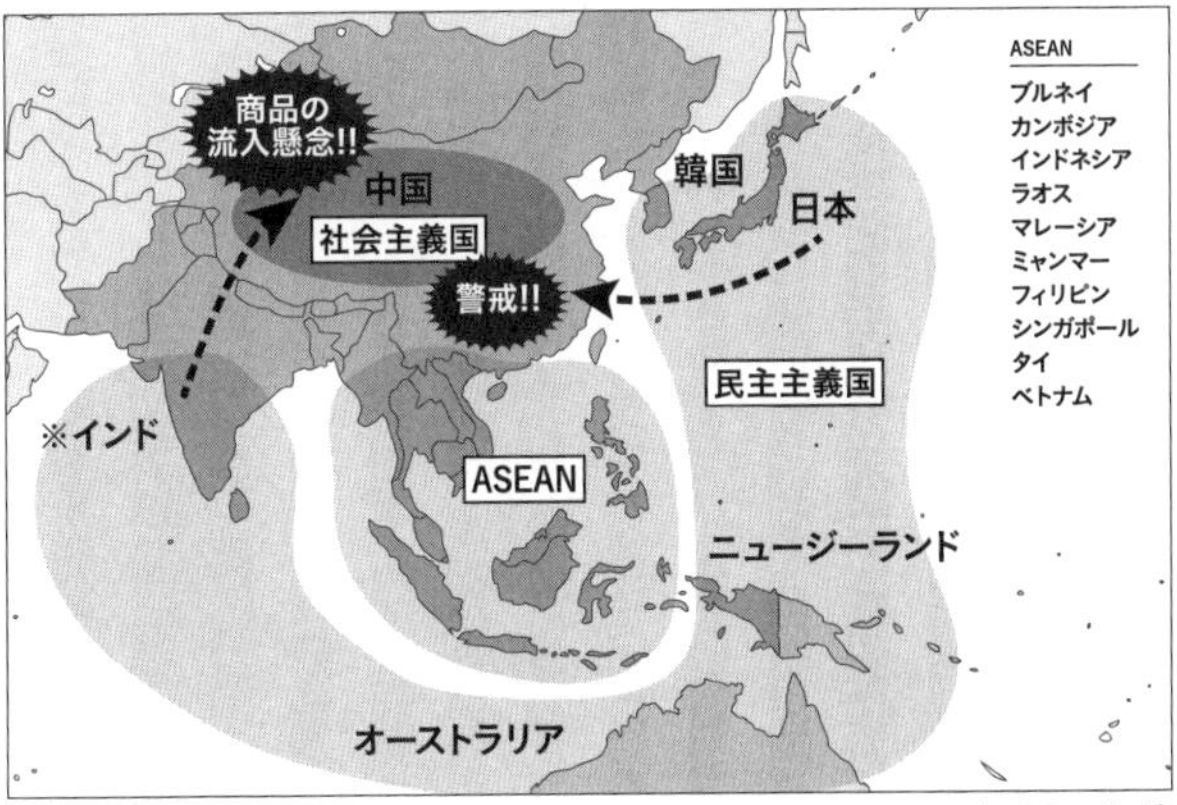

※RCEPには不参加　　（編集部で作成）

い国を固める意図があった。さらに日本はASEAN諸国を取り込む際、韓国、オーストラリア、ニュージーランド、インドにも声をかけ、民主主義の価値観を中心に据えた。

一方、中国にとってもASEAN諸国との関係は重要だ。菅元首相の外遊に先駆けて、中国の王毅外相はカンボジア、マレーシア、ラオス、シンガポールを訪問。さらにASEAN諸国の他、韓国を取り込んだ。

その結果、ASEANプラス6（日本、中国、韓国、オーストラリア、ニュージーランド、インド）というRCEPの原形が形成。RCEPは成長著しいASEAN諸国を含んでいるため、日本や中国にとっても重要な経済圏であり世界最大の貿易圏となる。

RECPは物品・サービス貿易の自由化、投資の自由化、知的財産権の保護が目的だ。一方でTPPには物品・サービス貿易の自由化に加えて、資本の自由化も含まれている。そのため一党独裁の社会主義国である中国にしてみれば、国有企業の改革をはじめ国家体制を変更せざるを得ないという高いハードルがあって参加できない。

TPPが大詰めで合意に至った背景には、中国の台頭があった。各国首脳は中国に自由貿易を支配されるよりも、西側主導の自由貿易体制のほうが好ましいと判断したのだ。だからこそ中国は、自国ルールによる自由貿易圏にこだわっている。中国が主導してAIIBや一帯一路構想に注力するのも、自国主導でルールを確立するためだった。しかしRCEPに至っては、経済連携を謳《うた》っているもののFTAに限りなく近いため、体制変更が不要で中国も参加しやすい環境にあったのだ。

EUが経済同盟から「欧州軍」になる可能性

2023年11月、プーチンが主要20カ国・地域首脳会議（G20）サミットにオンライン形式で参加したことは、世界に衝撃を与えた。G20は世界の主要経済国が集まり、国際的な経済・金融問題を議論するフォーラムだ。メンバーはG7とEUに加えて、他の主要12

カ国。毎年首脳会議を開催し、経済成長や気候変動、貿易、開発援助などグローバルな政策課題を協議する。

２０２２年のロシアによるウクライナ侵攻後、プーチンが欧米首脳のいる国際会議に初参加したのは国内外へのアピールと見られている。ウクライナ情勢への国際社会の関心が薄れ、ウクライナ支援の先細りが懸念される中、プーチンが国際社会に「和平交渉を拒んでいるのはウクライナ」とアピールする狙いがあったというわけだ。

しかしプーチンは、２０２３年9月のインドでの会議にも現地参加せず、２０２４年11月のブラジルでの会議も現地訪問しなかった。こうしたことから、Ｇ20が形骸化しているという指摘もある。

ウクライナ情勢は中東への注目の高まりで関心が薄まっている様子だ。寒さとぬかるみで戦闘が難航し、ウクライナの反転攻勢が思わしくないという見方もある。

そうした状況下で、米国では議会のねじれでウクライナ支援が制約を受ける中、イスラエルとハマスの情勢も絡み、「ウクライナは欧州に任せるべき」という声が強まっている。

また米大統領選でトランプは、「自分が大統領であればロシアのウクライナ侵攻は起きなかった」と主張した。これはバイデンの対ロシア政策が弱腰であり、それがロシアの侵攻を招いたという批判だ。さらにトランプは「ロシアのウクライナ侵攻をすぐに止める」とも言及。その前提として、現在のクリミア半島と東部4州におけるロシアの支配を認め、ウクライナのNATO加盟を認めないという条件を提示した。

もしトランプが、米国のNATOからの離脱を表明した場合、EUは経済統合を越えた「欧州軍」を模索するとも考えられる。

特にロシア、中国、イランといったBRICS諸国周辺の情勢不安が高まっている点は懸念材料だ。G20が形骸化してBRICSが台頭すると、G7との対立構造が鮮明化して世界が二分化され、グローバルサウスをめぐる争いが展開されるかもしれない。

NATO離脱の可能性もちらつく米国は、次に東アジアへの意識が薄れる懸念も出てくる。今後の国際安全保障は予断を許さない状況だ。

G7諸国で右傾化が加速する理由

西側諸国では、米国の大統領選、フランスの総選挙、英国の政権交代などで政治的混乱が続いている。これは、ロシアのウクライナ侵攻に対する西側諸国の支援体制や、停戦に向けた議論に影響を与える可能性がある。

英国では2024年7月、総選挙で野党の労働党が勝利して政権交代が起こった。労働党は国防政策において、NATOと核抑止力の重要性を強調する姿勢を示している。かつては核軍縮に積極的だった労働党が、現実的な路線へと転換したといえる。

また国防予算については、GDP比2・5％への引き上げを公約している。ウクライナに対しては、軍事・経済両面での支援を継続する方針だ。

敗北した保守党も、ウクライナへの軍事・経済支援の継続を表明していた。しかし18歳の若者に対し、一定期間の兵役または公的機関での社会奉仕活動を義務付ける「選択的兵役制」の導入を主張したのは、やや行き過ぎだったようだ。労働党が穏健な右傾化を進めたことで、保守党の選択的兵役制導入の主張が有権者から極右的と受け取られ、皮肉にもそのことが政権交代の一因となったのだ。

もっとも欧州全体としては、ウクライナとの距離を徐々に置きつつある傾向が見られる。米国がウクライナから手をひいた場合、欧州はより深刻な事態となるだろう。米国からゲタを預けられた欧州は、右傾化の影響で自国中心主義的な傾向を強め、ウクライナ支援は継続するものの、和平や停戦に向けた動きが表面化する可能性が高い。

フランスも右傾化の兆候がある。たとえばフランスで勢いがある第3勢力政党の国民連合（RN）は、日本の報道で極右と紹介されるが、同国では「ニューノーマル」として扱われることもある。イタリアでは2022年10月、極右とされた「イタリアの同胞」を率いるジョルジャ・メローニが首相に就任した。

カナダでも2024年6月、トロント中心部の選挙区で行われた補欠選挙で、野党の保守党が勝利を収めた。この地区は与党・自由党を率いるトルドー首相の地盤で1993年以来自由党が議席を保持してきたところだ。今回の結果は、2025年に実施予定の総選挙にも影響が及ぶだろう。

オランダでは2024年7月、「オランダのトランプ」の異名を持つヘルト・ウィルダース党首が率いる「自由党」（PVV）などによる連立政権が発足。ポルトガルでも総選挙で右翼勢力が議席を増加させた。

ドイツでは極右政党「ドイツのための選択肢」（AfD）が支持率を上げている。2024年9月、旧東ドイツ地域の2州で州議会選挙が行われた。そこでAfDが州議会選で初めて第1党に大躍進。米国でも2024年、トランプが大統領に再選した。

G7諸国では、フランス、イタリア、ドイツ、米国、カナダで右傾化が進んでいる。これらの国々に共通するのは、実は移民問題の深刻化だ。移民の流入によって国民の仕事が失われたり、治安が悪化したり、さまざまな面で生活に大きな悪影響を与えている。

機構から読み解く新冷戦時代

本章を振り返ると、軍事勢力ではロシアや中国といったいわゆる社会主義陣営と、欧米をはじめ民主主義陣営で二分化される。

欧米の民主主義国で構成されたNATOは、ウクライナへ侵攻したロシアの脅威もあって、アジア太平洋地域の民主主義国とも協力体制を築こうとしている。

一方、アジアには欧州と違ってNATOのような軍事機構がなく、アジア版NATOの設立も難しい。社会主義国である中国の脅威にさらされる中で、日本を含めたアジアの民主主義国には、米国を軸としたハブ・アンド・スポークス体制が効果を発揮する。それに加え、日米豪印のQUADや日米英豪のJAUKUS構想に代表される部分的な多国間安全保障体制の構築が望ましい。ただし、日本の場合は憲法問題がネックとなる。

経済勢力では米国圏（USMCA）、欧州圏（EU）、アジア太平洋圏（RCEP、TPP）という三つの大きな極は変わらないが、それに重なるかたちで先進国圏（G7）と新興国圏（BRICS）も存在してライバル関係にある。

ただ新興国圏は一枚岩ではなく、その中でも台頭が目立つ社会主義国の中国は覇権を拡大し、さらにはウイグルの問題なども抱えていることから、民主主義国中心の経済圏から締め出されつつある。そこで中国は独自に巨大経済圏である一帯一路の拡大を目指しているが、中国経済自体が行き詰まりを見せており、うまくいっていない様子だ。その一方で、新興国圏では民主主義国であるインドの経済成長が著しいという特徴もある。

今後の世界情勢を占う上で、これらの勢力図の変遷は参考となるはずだ。

第4章　国益に繋がる経済・通商政策

通商外交と国内景気政策の両輪が不可欠

海外の動向がわかったところで、日本国内にも目を向けていきたい。ここまでの話で日本の国益を守るためには、「外交」が重要だということは理解できたはずだ。そこで本章では、日本が進めるべき「経済」に関する通商外交を中心に展開する。

それを解説するにあたり、まずは国内の正しい経済政策を知ることが大前提となる。『60歳からの知っておくべき経済学』（扶桑社）でも触れたように、経済政策とは端的にいえば、金融政策と財政政策の両輪で市場に適切なお金を供給できるかどうかだ。

左図の世界各国のお金の伸び率と名目GDP成長率の相関データをみると、ドットが右肩上がりに分布しているが、これは両者の間には強い関係性があることを意味している。つまり世界と比べて日本だけGDPが成長してこなかったのは、お金の供給量が少なかったからという結論になる。

市場にお金が回れば、モノを欲しがる人が増え、相対的にお金の価値が下がってモノの価値が上がるため物価高（インフレ）になる。インフレになれば、モノを作る・売る会社が人手不足になるため雇用率が上がり、人材獲得競争が激しくなって賃金が上昇し、好景

世界各国のお金の伸び率と
名目GDP成長率（2013〜2021年）　単位：％

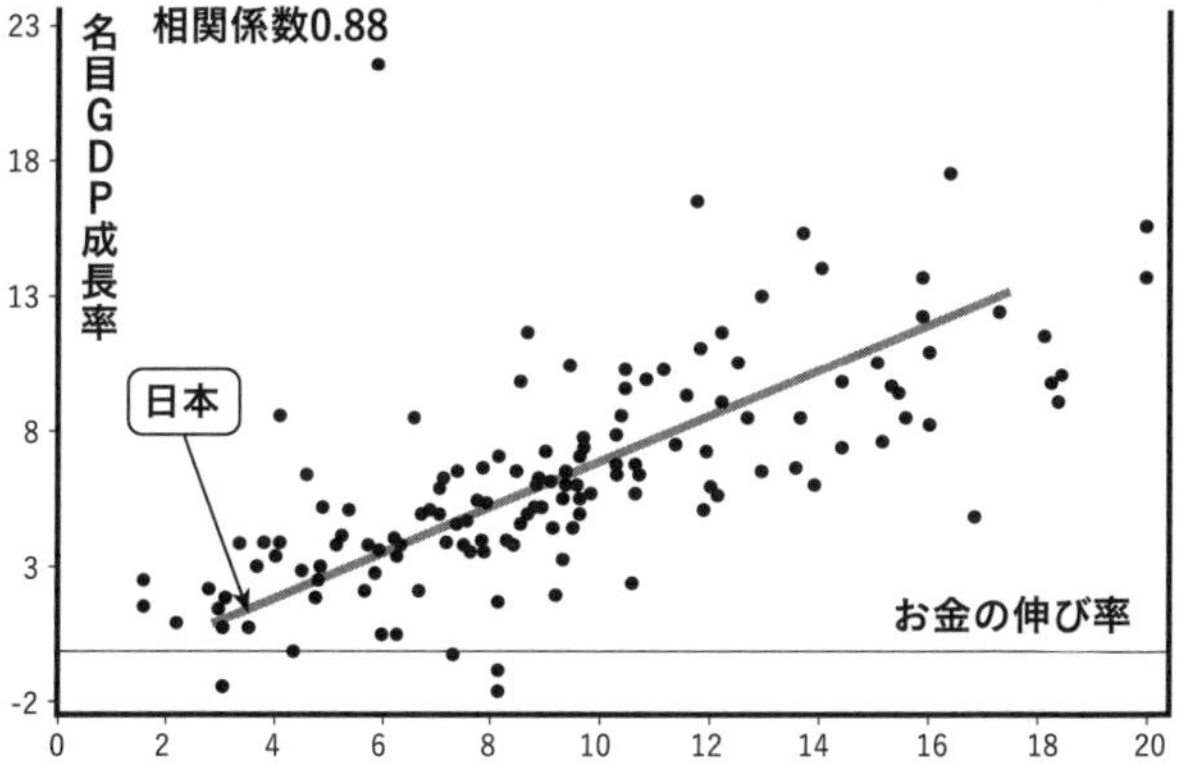

（世界銀行資料より筆者が作成）

気になっていく。市場にお金を回す方法は、国債発行によって紙幣を刷り市場に供給する、金利を下げる、あるいは減税するなどいくつかある。

一方で市場にお金が回らなくなれば、モノが売れなくなり、失われた20年と同じデフレの再来となる。市場にお金が回らなくなる愚策の例は、金利を上げる、増税するなどだ。特に消費増税はこれまで実施されるたびに景気を押し下げてきた。景気が過熱しすぎた場合、これらの経済政策にも意味はあるが、現状の日本においては時期尚早だ。

ここまでは「国内的」な話だが、「国外的」にはお金の供給量を増やすと円安にふ

各通貨安が自国と他国のGDPに与える影響(3年以内)

単位：%

	日本	米国	欧州(ユーロ圏)	非OECD諸国	中国
円10%安	0.4-1.2	▲0.2-0	▲0.2-▲0.1	▲0.1-0	▲0.2-▲0.1
ドル10%安	▲0.3-0	0.5-1.1	▲0.6-▲0.2	▲0.1-0	▲0.6-▲0.3
ユーロ10%安	▲0.2-0	▲0.2-▲0.1	0.7-1.7	0.1-0.3	▲0.2-▲0.1

(OECD「The OECD's New Global Model」より)

れる。為替は2国間通貨の交換比率によって決まり、両国の金の量の比に落ち着くからだ。

自国通貨安は近隣窮乏化政策と呼ばれている。自国通貨の安さが自国経済には有利である一方、他国経済には不利をもたらすからで、これは古くから知られている経済政策だ。

経済協力開発機構（OECD）の経済モデルでも、たとえば円が10%安くなると、日本のGDPは3年以内に0・4〜1・2%伸びる一方で、米国や欧州などはマイナスになる。逆にドルが10%安くなると米国だけGDPが0・5〜1・1%伸び、ユーロが10%安くなると欧州のGDPが0・7〜1・7%伸びて非OECD諸国を除きマイナスになる。

そのため、円安なら国内産業の国際競争力

が向上して輸出が増加する。つまりお金の供給量を増やせば、賃金やＧＤＰなどが上がって好循環となるのだ。

メリットが大きい自由貿易の推進

正しい国内経済政策を踏まえた上で、国益となる通商外交について考えてみたい。

ＴＰＰへの参加で、日本は自由貿易の恩恵を受けられるようになった。自由貿易とは、可能な限り国家間で関税をかけずに輸出入を行うことを指す。

自由貿易のメリットを受けるのは主に輸出業者と消費者で、デメリットを受けるのは輸入業者と国内の生産者である。そして自由貿易の恩恵とは、メリットがデメリットを上回ることを意味する。これは経済学の２００年の歴史において最も確実な理論だ。

この理論はグラフで示すと明快だ（次ページ参照）。自由貿易により増加する消費者余剰（台形①）は、減少する国内生産者余剰（長方形②）よりも、必ず三角形③の分だけ大きくなる。これが自由貿易推進の根拠だが、消費者から生産者への利益再分配を前提としている点も重要だ。

具体的なメリットの計算として、当時の内閣府の試算では「約10年間で実質ＧＤＰが３

貿易自由化の経済学

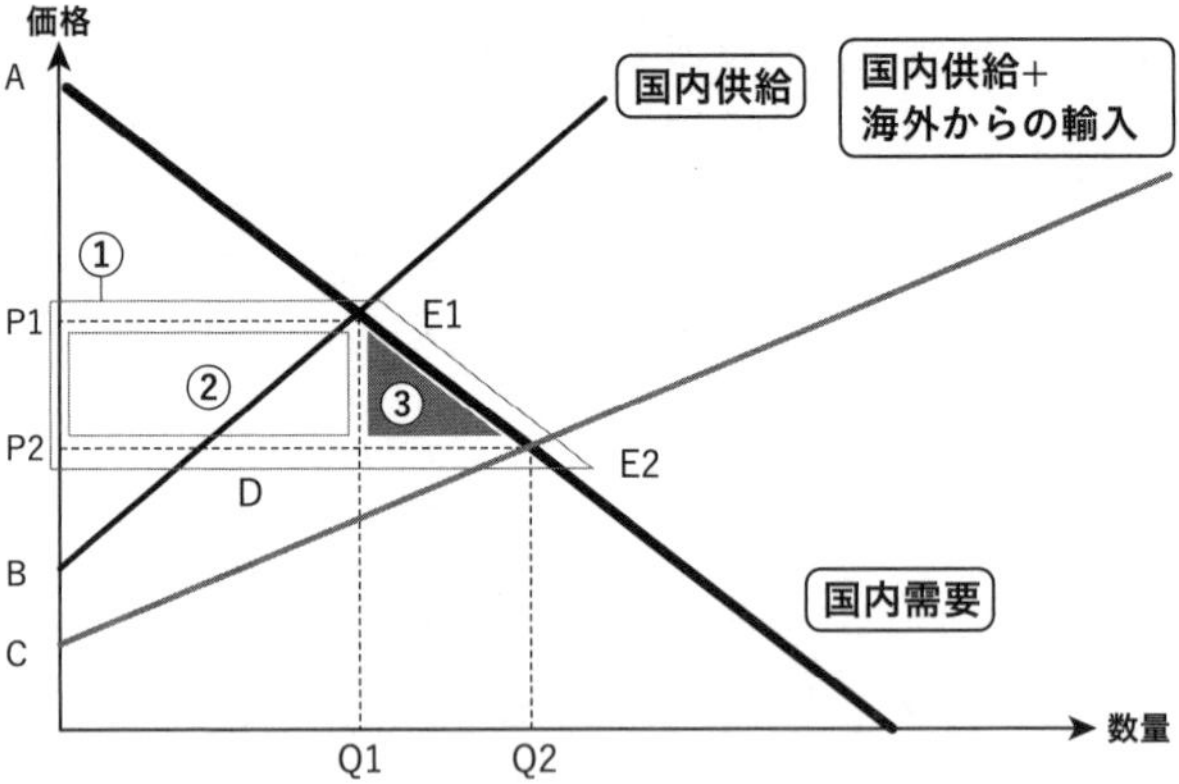

（筆者が作成）

兆円増加する」とされたが、TPP反対派の多くはこの試算の正確な意味を理解せず「10年間の累積で3兆円」と誤解していた。しかし正しくは「10年間経過して国内調整が済んだ後に年間3兆円のGDP増加があって、それが永続的にずっと続く」という意味だ。

この種の計算は、経済学の「比較静学」を用いて行われる。比較静学とは、たとえば「TPP実施前の状態」と、「TPP実施後に輸入量が増加して国内生産者余剰が減少するという調整をしたあとの状態」を比較する分析手法だ。国際機関でも使われており、内閣府の試算もこれを参考にしている。筆者はこの試算通り、輸出業者と消費者のメリットが国内生産者のデメリットを上回ると考えている。

また、TPP反対派は当時、貿易ルールが米国有利で進み、日本が不利益を被ることを懸念していた。その代表例がISD条項（国家対投資家の紛争処理条項）だが、筆者はこれを重大な問題とはみていない。日本はこれまでに50以上の投資協定に署名しており、その中にもISD条項は含まれているが、対日訴訟は1件も起こっていないからだ。

世界ではISD条項による訴訟が多数発生しているが、訴えられるケースの多くは国内法が不備な途上国である。ISD条項は、投資家や企業が国際投資で相手国に不平等な扱いを受けないようにするためのものであり、日本のような先進国には有利に働く。

日本政府には今後も国益を見誤ることなく、通商交渉を進めてもらいたいものだ。

日米貿易交渉は対等の立場で

米国と中国が貿易戦争で激しく対立している一方、日米関係は極めて良好だ。二つの大国が争う中で、日本が漁夫の利を得ているといっても過言ではない。

それは2019年9月に、安倍元首相とトランプとの間で最終合意に至った貿易協定をみても明らかだ。結論からいえば、日本にとって史上最も楽な貿易交渉だった。

まず、これまでの日米貿易交渉の経緯を振り返ってみると、最初に話題となったのは、日本国内で賛否を呼んだＴＰＰだ。

これはもともとアジアとオセアニアの４カ国間で締結されていた自由貿易協定を拡大する構想に、米国のオバマ大統領が日本やオーストラリアなどを参加させようとしたものだ。米国が主導していたが、オバマが任期を終える前にこの協定は成立しなかった。

次に大統領に就任したトランプは、米国をＴＰＰから脱退させ、２国間貿易協定を目指す方針に切り替えた。トランプがＴＰＰから脱退した理由は、おそらく前任者が進めていたことを覆したかったという非常にシンプルな理由からだろう。この決定に日本が怒りを感じたとしても不思議ではない。

しかしその後、日本は卓越した交渉力を発揮し、米国を除いた残り10カ国とＴＰＰ11、さらにＥＵとの間でＥＰＡ（経済連携協定）を発効。その直後、日米間の２国間貿易交渉が行われた。日本は安全保障面で米国に依存しているため、心理的な負い目からこれまでの貿易交渉では常に不利な立場を強いられてきたが、この時は違った。

ＴＰＰ11や日ＥＵ・ＥＰＡが日本の思惑通りに進んだため、米国だけを優遇するわけにはいられなくなったのだ。そうした正当性を後ろ盾に、米国との交渉において対等の立場で、２国間交渉に積極的に臨むことができた。一方、米国は中国との貿易戦争に忙殺されている状況だった。

そんな中、さらにＴＰＰ11や日ＥＵ・ＥＰＡによって、農産物の関税が引き下げられた。結果として、２０１９年４月から７月にかけて、日本はＥＵ諸国やＴＰＰ11加盟国のニュージーランドからの農産物輸入が増加したが、米国からの輸入は伸びなかった。

トランプは何らかの成果を得るために、日本との交渉が重要だった。こうした状況が重なり、日米貿易交渉は日本にとって史上最も楽なものとなったのだ。

日米貿易交渉における日本側の成果としては、まず日本が要求していた自動車および自動車部品の関税撤廃は先送りとなったが、日本車への関税の上乗せは回避された。

また、多くの農産品に対する関税は引き下げられたが、ＴＰＰ11と同等の水準であり、米国から不当に安い農産物が流入する事態は避けられた。むしろＴＰＰ11で設けられたコメの無関税輸入枠の導入が見送られたため、日本のコメ農家への打撃はなかった。

一方、トランプにとっても、農産物の関税引き下げにより、日本への輸出を後押しでき、短期的な成果として国内にアピールできた。自動車に関しても、関税を25％にまで引き上げると米国内の日本車の価格が上昇し、インフレの一因となる恐れがあった。大統領選を前にインフレが悪化して、トランプ批判が高まることだけは避けたかったのだろう。

結果として、当時の日米貿易交渉は双方にとってＷｉｎ‐Ｗｉｎとなった。しかし日本の左派勢力は相変わらず「日本は米国に譲歩しすぎだ」「膨大な乾燥トウモロコシを買わされることになった」「米国の『ゴミ』を買う日本は、やはり米国の犬」といった批判を展開したが、これらは大きな勘違いだ。

たしかに、安倍元首相は米国の余剰トウモロコシを購入する意向を示したが、「誰が、いつ、買う」という具体的な話まではしていない。ようするにこれは「困っているなら購入してもいいが、詳細はおいおい考える」程度のリップサービスだ。

安倍元首相とトランプの日米交渉では、お互いに経済的損失を回避できたため、日本の外交力の巧妙さがうかがえた。トランプのこれまでの動向をみる限り、彼は日本にとってなかなか好ましい政治家である。先の日米貿易交渉が最も楽になったのも、米国が中国との対立に忙殺されたとはいえ、日米関係が良好な証しだ。

トランプについて、日本国内では性差別主義者や人種差別主義者といった人格への非難が取り上げられることが多い。しかし、通商外交においては相手国のトップの人となりは関係ない。最も重要なのは日本の国益だ。

一部には、トランプの「日本はもっと自力で国防力を増強すべきだ」といった主張を問題視する意見もあったが、中国や北朝鮮という非民主主義国を隣国に持つ日本に対しては、むしろ妥当な意見ともいえる。

中国への依存度を下げて輸入先を多角化

２０２４年７月15日、中国国家統計局は４～６月期のＧＤＰを発表した。物価変動の影響を除いた実質ベースで前年同期比４・７％増と、１～３月期の５・３％増からやや減速し力強さに欠けた。中国政府が掲げる通年目標は「５％前後」だから安心できる水準ではなく、中国経済の先行きには不透明感が漂っている。

このＧＤＰは、恒例となっていた記者会見ではなく、国家統計局の公式ウェブサイトで発表された。背景には、同日から開催された中国共産党の重要会議、第20期中央委員会第３回全体会議（３中全会）への配慮があったと見られる。３中全会は、基本的に５年に１度開催される重要な会議だ。経済・政治の両面で大きな変化が発表される場となる。

今回発表された経済指標をみる限り、中国経済は決して楽観できる状況にはない。消費の低迷が響き、消費財小売総額は前年同期比３・７％増にとどまった。設備投資も、不動産開発の不振が足を引っぱっている。

農村世帯を除く固定資産投資は上半期で前年同期比3・9％増と堅調だったが、内訳をみると、インフラ投資が5・4％増、製造業投資が9・5％増である一方、不動産開発投資は10・1％減と大幅なマイナスだった。消費者物価指数（CPI）も、上半期で前年同期比0・2％上昇と低水準にとどまっており、デフレ一歩手前の崖っぷちだ。

こうした状況を踏まえ、3中全会では不動産市場のテコ入れ策や地方財政の悪化対策として、中央政府から地方政府への財源移譲といった税・財政改革の方向が示された。

ちなみに2024年10月に発表された1〜9月のGDP実質成長率は4・8％で、5％目標には届いていない。

筆者は中国の不動産対策については悲観的だ。不況の根本的原因は不良債権問題にある。その解決には、経済成長によって不良債権を解消するか、不良債権処理という痛みを伴う改革を断行するかの二択しかない。

どの国でも、不良債権問題は先送りしたいのが本音だ。経済成長によって自然解消するのであれば、それに越したことはない。しかし、そのためには債務超過に陥った企業は破綻させるという当たり前のルールをねじ曲げなければならない。このようなルールをあいまいにしたままでは、経済活動を行うすべての人々は疑心暗鬼に陥り、経済全体の停滞を招きかねない。

先進国では不良債権問題は前政権に責任を押し付けることもできるが、中国の場合、習近平体制が長期化しており、それもできない。なぜなら習近平体制の失敗として直接的に評価されてしまうからだ。これが中国の不良債権問題を楽観視できない理由だ。

日本としては、なるべく中国との経済的な距離を置くべきだろう。現状、日本には欧米諸国よりも中国からの輸入依存度が高い品目が多く存在する。中国経済のリスクを踏まえた上で中国への依存度をなるべく下げ、輸入先の多角化を進めるべきだ。

国際機関への参加もれっきとした外交行事

国連をはじめとする国際機関は多く存在する。これらの機関に果たして意味はあるのか、と疑問に思う読者もいるだろう。

その機関の機能性を評価する際には、まず拘束力のあるルールや実効性があるのか、ただ単に集まって話し合うだけで実効性がないのかを確認することが重要だ。

前提として、国際経済の主役は各国の民間企業であり、彼らの国境を越えた売買で国際経済は動いている。しかし、民間企業だけでは貿易や為替で生じる問題を解決することは難しい。そのため世界銀行やＩＭＦが存在する。

たとえば、為替の不均衡が起こった際にはＩＭＦが介入して安定化を図る。世界銀行は発展途上国の政府に資金を貸し、その政府が自国企業に融資を行う。このように、世界経済を円滑に回す役割を担っているのが世界銀行とＩＭＦだ。この二つは実効性を発揮する機関と考えてよい。

では、実効性を発揮しない機関にはどんなものがあるのかといえば、たとえばＯＥＣＤは最初から話し合いを目的に設立された機関で、ほぼ実効性はない。また、ＡＳＥＡＮやアジア太平洋経済協力会議（ＡＰＥＣ）といった地域ベースの国際機関、Ｇ20やＧ８といった主要国首脳会議も、基本的には話し合いを目的とした場だ。地域ベースで実効性があるのはＥＵくらいだろう。

外交と貿易でいえば、ＷＴＯという国際機関もある。ＷＴＯは自由貿易の推進を目的に設立され、ウルグアイ・ラウンドといった各ラウンドで貿易障壁をなくす話し合いが行われてきた。しかし近年、ＷＴＯの話し合いでは具体的な進展が見られず、影が薄くなっている。世界的に自由貿易を一気に進めるのは無理があったようだ。

ただし、話し合いの場に意味がないわけではない。

たとえばＡＳＥＡＮはもともと、ベトナム戦争を受けて東南アジアで共産化が進むことを恐れた米国が、その設立を支援したという背景がある。加盟国はすべて東南アジアの国々であるが、日本、中国、米国、ＥＵ諸国などの非加盟国も本部のインドネシアにＡＳＥＡＮ大使を置き、定期会合に意義を見いだしている。

近年では地域ごとに限定したＦＴＡが進められており、ＴＰＰもその一つだ。外交とは積み重ねであり、すぐに成果が出なくても、定期的に会合を開くことで国際関係にじわじわと影響を及ぼす。根気強く参加することも外交努力なのだ。

ガツンと「経済制裁」する真の目的

ある国が国際社会から批判されるような行動をした場合、よく「経済制裁」という手法が用いられるが、これも通商外交の一つだ。

具体的には、その国との貿易を制限したり、人やお金の行き来を禁じたり、その国の要人の対外資産を凍結したり、貧しい国であれば救援物資や経済支援を中断したりするなど多岐にわたる。要するに武力を使わず経済でもって悪い国を懲らしめる手法だ。

経済制裁については、効果の程度がよく取り上げられる。たとえば日本が北朝鮮に経済制裁を行う場合、必ず効果はどれくらい見込めるのかと問う人は多い。そういう人たちの主張は、たいてい「絶対どこかに抜け穴があるから経済制裁の意味がない」「いまよりもっと強力な経済制裁をするべき」といったことだ。

だが、経済制裁の効果が完全に発揮されてしまうと、最悪の事態に発展する危険性もある。人間はヤケを起こすと何をするかわからないが、国も同様だ。制裁を受けている国が、少しの抜け穴もなく完全に救援物資も貿易も断たれ、国家経営が行き詰まれば、どんな行動をとるかわからない。たとえば北朝鮮なら、韓国や日本に向けてミサイルを発射するかもしれないし、もっと悪化すれば、死なばもろともの精神で核兵器のスイッチを押す恐れすらある。

つまり経済制裁の目的は、相手国に経済的困窮を迫るものではない。「あなたたちのやり方は承服できない」という政治的メッセージを送り、相手国の指導者に誤りだと気づかせ、方針を改めさせることが目的だ。

そのため経済制裁に抜け穴があるのは当然のこと。貿易を制限しても第三国経由で取引はできるが、むしろこうした抜け穴をわざと見過ごし、相手国に逃げ道を残しておくことが重要だ。そうした微妙な調整が必要だからこそ、経済制裁は通商外交の一種といえる。

今後、日本が経済制裁する時は、こうした外交手腕が問われていると思って、臨まなければならない。

韓国を「ホワイト国」から除外した意義

２０１９年８月、韓国をホワイト国から除外したこともまさに経済制裁だ。その理由は当時、核兵器製造に転用できる戦略物資が行方不明であることに韓国政府から説明が何もなく、輸出管理制度の適切な運用が確認できないと日本政府が判断したからだった。

日本は従来の「ホワイト国」「非ホワイト国」という分類から、新たに輸入管理の対象として「グループＡ〜Ｄ」を設けた。このうちグループＡには従来のホワイト国が含まれ、非ホワイト国はグループＢ〜Ｄの３段階に分けられることになった。韓国には前述の疑いが生じたため、グループＡではなくグループＢに格下げされた。

グループＡなら、安全保障上問題がない国として輸出手続きを簡略化できる。しかし、非ホワイト国になったことで、食品や木材などを除いた幅広い品目の輸出において経済産業省の審査が必要になった。

ただし、経済制裁によって全品目が輸出禁止になったわけではない。品目ごとにルールが設けられているのは、国際社会では一般的なことだ。

日本として避けたいのは迂回《うかい》輸出であり、そうなる危険がない輸出先については問題ない。たとえばサムスン電子向けの輸出は許可されていた。

そういった経緯を理解していない人は、日本が韓国に対してすべての物資を禁輸し、退路を断つような措置をとったと誤解しただろう。実際、半導体製造に必要なフッ化水素の輸出規制について、日本がサムスン電子を窮地に追い込んでいるといった声もあった。

しかし実際には、不適切な迂回輸出が懸念されていただけで、グループA除外の目的は、韓国経済を破滅させることではなかった。貿易条件を少し厳しくすることで、将来的に不適切な事案が起こらないようにし、世界の安全保障に対する懸念を払拭するように韓国側へ相応の対応を促すことだ。なお2023年7月、韓国は再びグループAに復帰した。

経済制裁は通商交渉であるため、必要以上の深追いは日本の国益にならないのだ。

元徴用工訴訟の賠償金問題は制裁案件

韓国政府がいわゆる「元徴用工」訴訟の解決策を提示してから1年以上が経過した。この訴訟は、第2次世界大戦時に日本の植民地だった朝鮮半島から日本企業に徴用された韓国人労働者が、戦後日本企業に対して損害賠償を求めた裁判のことだ。

２０１８年、韓国最高裁は日本企業に対して賠償の支払いを命じたが、日本政府は１９６５年の日韓請求権協定で個人請求権も解決済みという立場のため、対立が生じた。

その後２０２３年３月、尹錫悦政権は韓国最高裁が日本企業に賠償を命じた件について、韓国政府傘下の財団が肩代わりする方針を発表。この提案は岸田政権にも受け入れられ、同年６月には通貨スワップ協定の再開。７月にはグループＡへの再指定といった日韓関係の正常化へとかじを切った。

しかし２０２４年２月、元徴用工訴訟において日本企業の供託金（裁判所に預けている担保金）が原告に渡るという実害が生じてしまった。一方で、この件について韓国の趙兌烈外相は同年１月に「日本の民間企業も共に船に乗る気持ちで問題を解決する努力に参加してくれることを期待する」と発言しており、尹錫悦大統領も同年２月に「韓日関係の改善を願う両国の企業人の協力」の必要性を訴えていた。

日韓請求権協定を踏まえれば、日本企業に韓国政府傘下の財団への資金拠出を求めるのは筋違いだ。仮に日本企業の資金拠出がないために肩代わりができないのだとすれば、最初から約束自体に信頼性が欠けていたことになる。このようなあいまいな約束のもとで通貨スワップ協定を再開し、韓国をグループAに復帰させた日本政府も情けない話だ。

２０２４年10月には、韓国の財団が肩代わりする賠償金を拒否していた生存原告が、相当額と遅延利子を財団から受け取ったとも報じられた。

事実上、日本が望んでいた肩代わり賠償を受け入れたかたちだが、元徴用工問題が今後どのような展開を見せるのか注視しておきたい。

政府開発援助する相手にふさわしくない中国

日本は、技術力で韓国に先行される分野が出てきたり、ＧＤＰで中国に抜かれたりと、経済の弱体化がよく指摘される。だが、韓国の経済規模はまだ小さく、中国の成長もそろそろ頭打ちだ。世界における日本の経済的プレゼンスはまだかなり高い。

そんな日本にとって、発展途上国への政府開発援助（ＯＤＡ）も外交の一環だ。ＯＤＡとはある国が他の国に対して行う支援策で、有償資金協力（円借款、海外投融資）、無償資金協力、技術協力などがある。有償資金協力では、インフラ整備などのために低金利かつ長期というゆるい条件で開発資金を貸し付ける。無償資金協力なら贈与となり、返済義務はない。

研修員の受け入れや専門家の派遣といった技術協力も贈与の一形態だ。実務は独立行政法人国際協力機構（JICA）が担う。

かつて日本は中国に対して巨額のODAを行った。しかし円借款で中国に返済義務があったとはいえ、国際社会で中国が日本に対する感謝を大々的に表明したことはなかった。つまり、外交的にはあまり効果がなかったといえる。

また、日本のODAの基本方針には「環境と開発の両立」「軍事・国際紛争の回避」「テロ・大量破壊兵器の拡散防止など国際平和」「民主化、市場経済導入、人権および自由の保障」といった項目が含まれている。そこへいくと中国は非民主主義国で軍備を拡大させており、資金協力は外交的にも理念的にもふさわしくない国ということになる。

アフリカはODA理念に合致する重要地域

日本が支援するにふさわしい相手国ということなら、たとえば以前安倍元首相がODA強化の方針を打ち出した、アフリカはどうか。

アフリカは民族紛争やテロ、集団殺害、人権侵害、環境破壊、極度の貧困、自然災害、感染症など深刻な事態に見舞われている地域が多い。そのため、ODAの専門家からもっとアフリカへの支援を手厚くすべきだと指摘されていた。アフリカへのODA強化は人道的理念にも見合うといえ、現在も続いている。ただし、その理念をまっとうするにあたり、資金が紛争に使われないように見張ることも重要だ。

さらに外交的観点からみても、アフリカへのODAは効果的である。レアメタルなど日本のモノ作りに欠かせない資源に富む地域だからだ。

日本はレアメタルの多くを中国から調達している。言い換えれば、中国の意向一つで調達が危ぶまれる状況にある。実際、2010年の尖閣諸島近海での中国漁船衝突事故の直後、中国は一方的に日本へのレアメタル輸出を停止した。こうしたリスクが常にあるから調達先は世界中に広げるべきで、その一つとなり得るのがアフリカだ。

その点では、中国も前々からアフリカへ経済支援を行っており、日本は先手を許してしまった。ただし、中国による搾取に不満が高まっている国・地域も多いとされているため、日本は中国との違いを見せていくといい。

よくアフリカに対しては「無償資金協力だけにするべきだ」という意見もあるが、それは少し違う。相手国のことを本当に考えれば、有償のほうが好ましい。返済を義務づけることで経済的自立を促すからだ。その中で日本らしい丁寧な援助を続けていけば、外交的な効果が一段と高まってくるだろう。

アフリカ支援はＯＤＡの理念にかなっており、外交的効果も望める。安倍元首相がアフリカを選んだのはきわめて妥当だった。

要するに、ＯＤＡは西側の価値観に見合うかどうかが一つの基準になる。その基準に沿った国に対して、日本はこれからも支援していくことが望ましい。

今後は中南米諸国との付き合いがカギ

首相就任以来、毎月のように外遊していた安倍元首相は、小泉元首相を抜いて外遊先が歴代最多となった。外遊先をみると、日本とはあまり縁がなかった国が多い。先に触れたアフリカに加え、２０１４年７月末から８月にかけては中南米５カ国を訪問した。

戦前、多くの日本人が移り住んだ中南米だが、地理的には米国、歴史的には欧州の影響が強い。そのため、日本との関係が深かったとはいえない。

安倍元首相の狙いは、関係が希薄だった国も含め、地球上の国々とまんべんなく友好な関係を築くことだった。これは「地球儀を俯瞰《ふかん》する外交」と呼ばれる壮大な外交戦略だ。

アフリカ諸国の重要性は前述の通りだが、実は中南米も同様に重要だ。特に中南米の雄であるブラジルはＢＲＩＣＳの一角だ。

２０１５年、５カ国同額出資のもとＢＲＩＣＳ開発銀行ができたが、これは中国のＡＩＩＢと同様、欧米主導の国際金融システムに対抗したいという野心の表れだった。そのため、中国は出資額も他国より多く提示したという話だが、中国は実際にそれができるほど、ＢＲＩＣＳの中でも経済力が突出している。他の４カ国は中国に主導権を握られることを警戒して同額出資に持ち込んだが、本部は上海に置かれることになった。

こうした経緯をみると、中南米をめぐって従来の欧米勢力とＢＲＩＣＳ中ロ勢力の覇権争いが起こっていることがわかる。今後は日本にとっても、中南米との付き合いがカギとなってくることはいうまでもない。

日本の国民負担は少ないが感謝は大きい

日本がアフリカやアジアなどへの海外支援を行う一方で、国内では増税や負担増が進む中、「海外に対するバラマキだ」といった不満も報じられている。では、海外支援にはどのような資金が使われているのか、みていこう。

政府が行う開発途上国への支援の大半はＯＤＡだ。ＯＤＡは①公的機関またはその実施機関によって供与され、②開発途上国の経済発展や福祉向上を主たる目的とし、③譲許的性格（受取国に有利な条件での資金提供）を有する。たとえば有償資金協力の場合、金利や償還期間などの貸し付け条件は受取国にとって有利に設定される。

またODAには、開発途上国・地域を直接支援する2国間援助と、国際機関への出資などによる多国間援助がある。2国間援助はさらに贈与と政府貸し付けなどに分かれ、贈与には無償資金協力と技術協力が含まれる。

2024年度当初予算をみると、ODA事業予算は3・1兆円。内訳は、2国間贈与が0・5兆円（無償資金協力0・2兆円、技術協力0・3兆円）、国際機関への出資などが0・4兆円、政府貸し付けなどが2・2兆円となっている。

2国間贈与の財源は一般会計で、国民からの税金が使用される。この点については「国内で増税が行われる一方で海外にバラマキをしている」との批判は的外れではない。

国際機関への出資などは基本的に国債で賄われ、利払い分が国民の負担となる。ODAの大半を占める政府貸し付けなどは、国債の一種である財投債（財政投融資特別会計国債）を発行し、財源としている。この部分は有償資金であり、開発途上国からの返済がある。利子が低く設定されるなど開発途上国に有利な条件で提供されるが、日本にとって大した国民負担にはならない。

ＯＤＡ予算３・１兆円のうち、国民負担となるのは数千億円程度だ。ＯＥＣＤ加盟国（38カ国）中の31カ国にＥＵを加えた32メンバーから成るＯＥＣＤ開発援助委員会のデータによると、２０２２年の日本のＯＤＡ負担額は国民一人当たり１４０ドル（約２万円）で、加盟30カ国中18位（Ｇ７中６位）に位置している。この数字からみても、日本のみが過度に自国民への負担を強いるかたちで他国へ支援をしているわけではない。

同年、アフリカ支援において３年間で４兆円という官民投資額が公表されたが、実際のところ日本は無償贈与の割合が低く、有償の政府貸し付けが高い比率を占める。

そしてこの４兆円という数字が、中国に対抗する意図から、見かけ上膨らんでいることにも留意しておきたい。中国はアフリカにずさんなダムを作ったりとひどい支援ばかりしているため、日本に求められている役割は大きいのだ。

第5章　新冷戦時代の外交・安全保障

戦争多発のアジアを「民主的平和論」で分析

本章では「安全保障」に関わる外交や国内政策について扱うが、その前に大前提としておさえておくことがある。それは平和を学ぶことだ。なぜなら安全保障とは平和を実現するための体制だが、平和の要件を知らなければ、実現するべくもないからだ。まずは国際政治という学問の観点から、平和論について学んでいこう。

実は、アジアは近年戦争が多発している地域で、日本の周辺には戦争に頻繁に関与する国が多いという現実がある。少し古いデータだが、第2次世界大戦後から２００７年までの全戦争の地域分布を示したデータをみると、世界38の戦争のうち、実に４割近い15の戦争が中東を除くアジア地域で発生しているのだ。

さらに、これらの戦争に関わった延べ年数をアジアの国ごとに示すと、最も関与年数が長いのはベトナムの22年、次いでタイが19年、カンボジアが18年、韓国とフィリピンが13年、中国が10年となっている。ちなみに、アジア地域以外では米国の22年が最多で、オーストラリアの14年もかなり長い。

アジア地域で戦争発生確率が高そうな国といえば、読者の多くは、中国や北朝鮮を真っ

第2次世界大戦後から2007年までの戦争一覧

戦争名（太字はアジア）	開戦年	終戦年
第1次印パ戦争	1947	1948
第1次中東戦争	1948	1949
朝鮮戦争	1950	1953（休戦）
第1次台湾海峡危機	1954	1955
第2次中東戦争	1956	1956
ハンガリー動乱	1956	1956
イフニ戦争	1957	1958
第2次台湾海峡危機	1958	1958
中印国境紛争	1962	現在
後期ラオス内戦	1964	1975
後期ベトナム戦争	1965	1975
第2次印パ戦争	1965	1965
第3次中東戦争	1967	1967
消耗戦争	1968	1970
サッカー戦争	1969	1969
カンボジア内戦	1970	1991
第3次印パ戦争	1971	1971
第4次中東戦争	1973	1973
トルコのキプロス侵攻	1974	1974
レバノン内戦	1975	1990
アンゴラ内戦	1975	2002
オガデン戦争	1977	1978
アフガニスタン紛争	1978	現在
ウガンダ・タンザニア戦争	1978	1979
カンボジア・ベトナム戦争	1978	1989
中越戦争	1979	1979
イラン・イラク戦争	1980	1988
フォークランド紛争	1982	1982
中越国境紛争	1984	1984
トヨタ戦争	1986	1987
ナゴルノ・カラバフ戦争	1988	2020
湾岸戦争	1990	1991
ボスニア・ヘルツェゴビナ紛争	1992	1995
セネパ紛争	1995	1995
エチオピア・エリトリア国境紛争	1998	2000
コソボ紛争	1998	1999
カルギル戦争	1999	1999
イラク戦争	2003	2003

（編集部で作成）

先に思い浮かべるだろう。たしかに国際政治における彼らの振る舞いを見れば、十分に警戒する理由となるが、学問的な視点からも分析すれば、より明確な理由が挙げられる。

国際政治・関係論には「民主的平和論」(Democratic Peace Theory)という理論がある。これは1795年、イマヌエル・カントが著した『永遠平和のために』に由来し、民主主義(共和制)を採用している国同士では戦争が起こりにくいとする考え方だ。

長い間忘れ去られていた理論だが、プリンストン大学教授だったマイケル・ドイルが現代に復活させた。現在では、国際政治・関係論における最も重要な法則とされている。

カントは、「民主主義(の程度)」「経済的依存関係(の構築)」「国際的組織(への加入)」の三つが戦争を防ぎ、平和を促進すると説いた。これを視覚的に表したのが「カントの三角形」だが、この三角形の中で民主主義にフォーカスしたのが民主的平和論だ。

民主的平和論によれば、民主主義国よりも、民主主義を採用していない独裁国家のほうが戦争を引き起こしやすい。なぜなら民主主義国では選挙で選ばれた政治家の合議によって、国の行動が決定されるからだ。政治家は国民の視線を意識せざるを得ず、三権分立や二院制のような権力機構の牽制が存在するため、戦争という行動が選ばれにくい。

もし相手国も民主主義国なら同じような仕組みがあり、物事を議論で決めることにも慣

カントの三角形のイメージ図

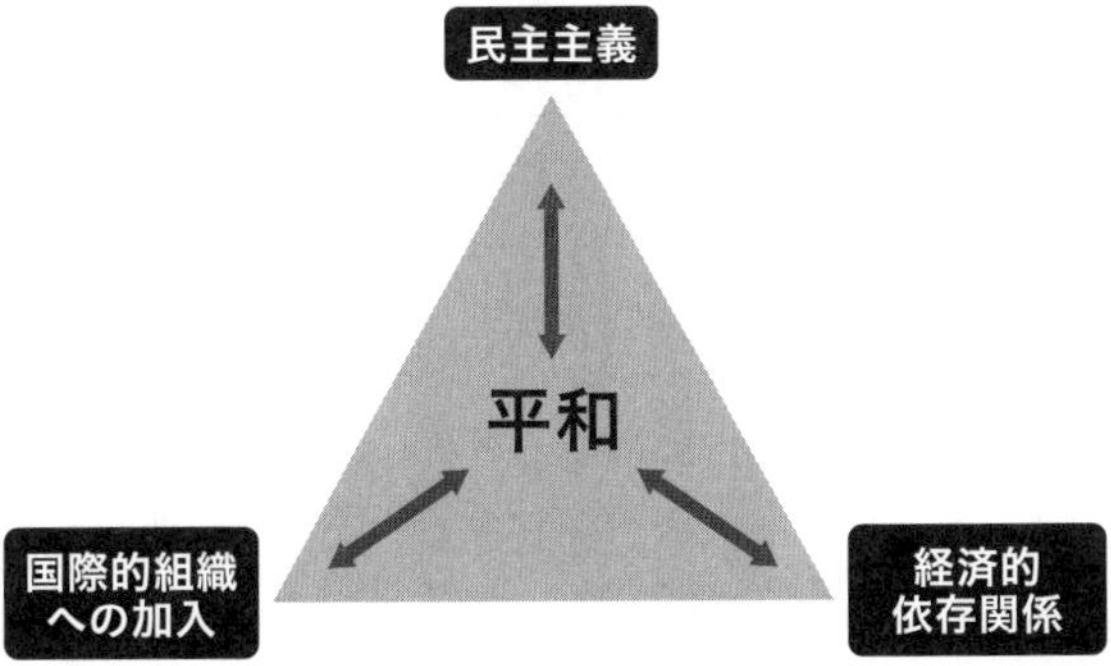

（編集部で作成）

れている。そのため、戦争に至る前の外交交渉で妥協や解決が行われやすい。結果として、民主主義国同士ではめったに戦争が起きない。逆に民主主義からかけ離れた独裁国家では、権力の相互牽制機能や選挙が存在しない。そのため独裁者や一党独裁政党を止める仕組みが体制内部になく、戦争という極端な行動が採用されやすいのだ。

アジア地域には、共産主義や社会主義を公式に標榜《ひょうぼう》している国が４カ国存在する。中国、北朝鮮、ベトナム、ラオスだ。これらの国々ではまともな選挙が行われず、政権交代をできる野党も存在しないため、非民主主義国といえる。戦後、アジア地域での戦争の多くにこの４カ国が関与している。もっとも、北朝鮮は近隣の大国と比べて軍事力で劣り、ラオスも軍事小国で内陸国という地理的ハンディキャップがあるため、そこまで頻繁に戦争をしているわけではない。

しかし、中国とベトナムは戦争への関与が多い。1979年と1984年の2度、中国とベトナムは戦争をし、その他にも死傷者が出るほどの武力衝突を何回も起こしている。

民主的平和論については、過去に民主主義の定義が曖昧《あいまい》だとか例外が多いといった批判もあった。しかし、米国の政治学者であるブルース・ラセットとジョン・オニールの研究により、「民主主義国同士はまれにしか戦争しない」という命題が正しいと証明された。

日本国内では、左派の言論人が「むやみに隣国を敵視するのはよくない」と主張することがある。しかし民主的平和論を知っていれば、近隣に非民主主義国が存在するという事実だけでも、中国と北朝鮮を特に警戒する十分な理由となるのだ。

「平和の5要件」に基づく戦争リスクの低減

2001年に出版されたラセットとオニールの『Triangulating Peace: Democracy, Interdependence, and International Organizations』という著書では、カントの三角形だけでなく、従来の国際政治・関係論の考え方も整理されており、まさに最終理論を打ち立てたといえる。

国際政治・関係論の世界ではこの著書が出るまで、バランス・オブ・パワー論を重視するリアリズムと、カントの三角形をはじめとするリベラリズムという二つの異なる考え方が対立していた。

ひらたくいえば、平和の実現のためには軍事力が重要だとする主張がリアリズム、一方で経済的依存関係や国際機関が重要だとする主張がリベラリズムだ。

同書は１８８６年から１９９２年までの１世紀以上にわたる戦争データを用いて、リアリズムとリベラリズムの要素を統合し実証分析を行った。

その結果、バランス・オブ・パワーもカントの三角形も対立する考え方ではなく、両者共に戦争リスクの低減に欠かせない要素だという結論が出た。それが「平和の５要件」だ。平和の実現のためには次の五つの条件が必要となる。
①同盟関係
有効な同盟を結ぶことで、戦争を仕掛けようとする国が思いとどまる可能性が高まり、対外的な抑止力が高まる。また同盟関係にある国同士では戦争をする可能性が低くなる。
②相対的な軍事力

平和の5要件のイメージ図

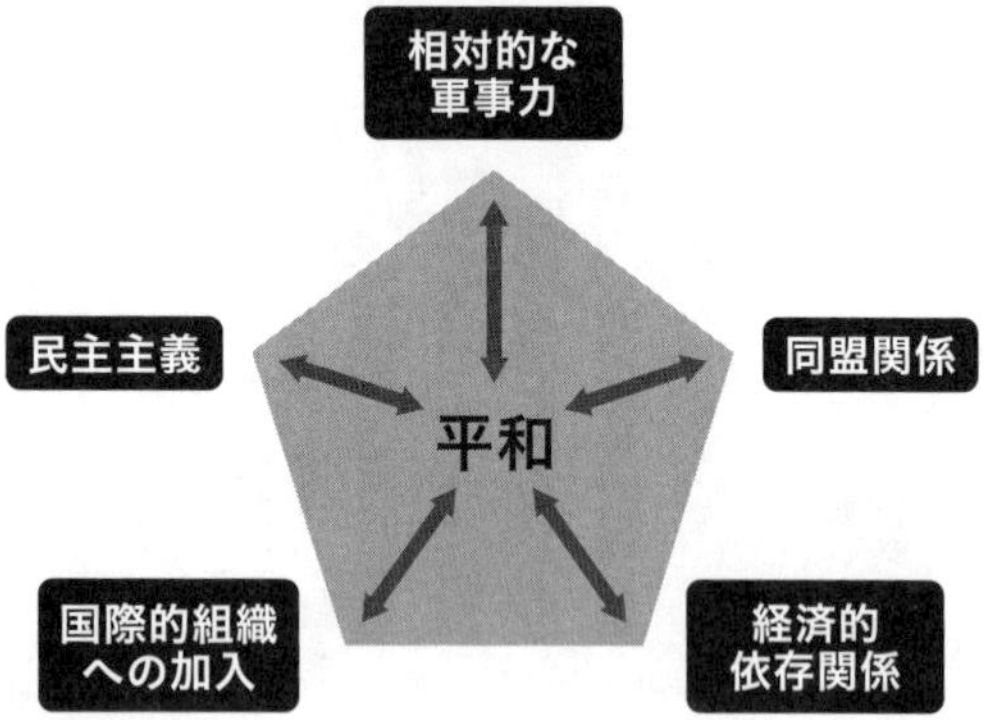

（編集部で作成）

軍事バランスが崩れると戦争のリスクが高まる。軍事力が優位な国は「いま戦えば勝てるかもしれない」と考えがちなため、開戦を避けるためには、防衛力を高めて軍事力のバランスの回復が重要。軍事力が均衡していれば、どちらの国も戦争による損失が大きくなるため抑止力が高まる。この考え方は古典的なバランス・オブ・パワー論に基づいている。

③民主主義の程度

民主主義国同士では滅多に戦争が起こらない、という古典的な民主的平和論に基づいている。一方の国が非民主主義だったり、両方とも非民主主義国だと戦争リスクが高まる。

④経済的依存関係

貿易などで経済的に結びついている国と戦争

を始めると、自国も大きな経済的損失を負う。そのため、経済的な結びつきが強い国とは戦争を始めにくい。

⑤国際的組織への加入

国際機関への加入が戦争リスクを減少させる。たとえば、ほとんどの国が国連に加盟しており、国連憲章では武力の行使による威嚇《いかく》を禁止している。そのため加盟国は加盟前よりも戦争をしづらくなる。

この５要件のうち、①②はリアリズムの要素、③④⑤は先述したカントの三角形のリベラリズム要素を統合したかたちだ。従来のリアリズムの立場では、特に④と⑤が軽視されがちだったが、ラセットとオニールの実証分析によって、これらの要素も戦争リスクの低減に意味があると判明した。

平和の５要件を数学的に処理した結果、一定条件を満たすことで①40％、②36％、③33％、④43％、⑤24％、戦争リスクを減らせるという。

政治理論的にも中国と北朝鮮は明確に危険

平和の５要件の視点から、次はアジアの情勢を分析しよう。ここでは中国と北朝鮮にフォーカスする。まず中国については、過去数十年の急速な経済成長を背景に軍備が増強されている。その一方で日本側は現状維持の方針をとってきたため、かつて日本有利だった軍事バランスが急速に中国有利へ傾き②（相対的な軍事力）の均衡が崩れている。

③（民主主義の程度）は非民主主義だが、④（経済的依存関係）については過去二十数年で急速に相互依存が進んだため、戦争リスクはやや減少しているといえる。

しかし⑤（国際的組織への加入）に関して、中国は最近、独自の国際機関であるＡＩＩＢを設立するなど、既存の国際機関とは異なるかたちで自国の影響力を強化しようとしている。この動きは不安定要因となりうる。

北朝鮮については、核開発が進展しているだけでなく、潜水艦からのミサイル発射技術も開発され始めた。そのため②（相対的な軍事力）の均衡が崩れかねない状況にある。

③（民主主義の程度）は中国と同じで、④（経済的依存関係）も経済制裁の影響でさらに疎遠になっており、戦争リスクが上昇しているといえる。⑤（国際的組織への加入）についても北朝鮮に大きな変化は見られない。

このように具体的に検討してみると、中国と北朝鮮の戦争リスクが改めて浮き彫りになった。特に北朝鮮に関してはポジティブな要素がほとんど見当たらず、現状でも戦争リスクが非常に高いことが推察できる。

こうした現実に直面し、日本が戦争を防いで平和を維持するためには、平和の５要件すべてにおいて可能な限りの対策を講じる必要がある。

戦争リスクを低減させていた安倍外交の手腕

平和の５要件に基づいて、これまでの日本の取り組みもみていこう。

まずは①（同盟関係）だが、２０１５年に安保関連法に基づく集団的自衛権行使が容認された。そもそも行使しないのであれば、同盟関係そのものが成り立たない。戦後、日本は集団的自衛権を保持していたが、政府は憲法上その行使は許されないと国民に説明してきた。しかし、このような国内向けの詭弁《きべん》が通用していたのは、米国が日本の再軍備を防ぎたかったという特殊な事情があったからに過ぎない。

それに日本は日米安保条約の締結後、朝鮮戦争やベトナム戦争、湾岸戦争などで国内の米軍基地の使用を許可してきた。その時点で、国際的には日本がすでに集団的自衛権を行使しているとみなされている。実際、朝鮮戦争の際には、小規模ながら日本が機雷除去の軍事行動にも参加したことは広く知られており、いまさら驚くべきことではない。

国際情勢が緊迫する中、時代錯誤な解釈を現実に合わせるかたちで一部修正し、日米同盟をより実効的にする法整備を行った。それが2015年の安保関連法の本質だ。

これに先立ち、日米は18年ぶりに日米防衛協力のための指針（ガイドライン）を改定していた。このガイドラインは、日米安保条約に基づく具体的な防衛協力の在り方を相互に取り決めた文書で、その改定も同盟関係を強化する意図で行われたものだ。

日本共産党や社会民主党などの野党は依然として安保関連法の廃止を訴え、集団的自衛権の行使は戦争リスクを高めると主張している。

しかし、同盟関係の強化は平和の5要件からみても、戦争リスクを減少させることは明白だ。過去の戦争データに基づいた研究でも証明されている。野党は主張に説得力を持たせたいなら、国民に対して説得力のあるデータを示す必要がある。

②（相対的な軍事力）に関しては、中国との軍事バランスを回復させるために防衛費増額が必要だ。防衛費については、岸田政権が2027年度にGDP比2％に増額すると決めるまでは、GDP比1％以内という上限が設けられていた。

これを撤廃するには大きな政治的コストがかかる。しかし、GDP自体が成長すれば防衛費の1％分も増えると見込んだ安倍政権が、アベノミクスを推進してGDPの成長を優先した。これも戦争リスクを低下させる方針に基づくものだったといえる。

③（民主主義の程度）については、日本はすでに完全な民主主義国であり、相手国に対して民主化を促す以外の選択肢はない。中国や北朝鮮では民主化が現政権の崩壊に直結するため、すぐに成果が出ることは期待できないが、民主化の働きかけは続けるべきだ。

④（経済的依存関係）は、中国とは高度な相互依存関係が形成されており、特別に新たな措置は必要ない。一方、北朝鮮に関しては国連の制裁決議が存在し、拉致問題やミサイル・核開発の懸念があるため容易ではない。

⑤（国際的組織への加入）は、中国が新たに設立した国際機関は彼らの経済圏拡大という狙いが背景にあり、真に国際的な機関になるかどうか疑わしい。少なくとも現在、新しい国際機関は中国の覇権主義の色が濃く、十分に機能していないようだ。そのため、これを実効的なものにさせないという方針が現在の日米の立場である。

こうみていくと、少なくとも安倍政権の取り組みは平和の５要件に沿ったもので、戦争リスク低減の合理的選択だったと理解できる。

日本の左派論者たちは、集団的自衛権の行使容認に反対している。仮に日本がこの容認を撤回した場合、日米安保条約の実効性を失わせることになると諸外国は見なすだろう。

それは同盟関係の弱体化に直結し、国際政治の観点からは戦争リスクの増大に繋がる。この点において、野党の多くは逆の立場を取っているといわざるを得ない。

もし本当に平和を維持したいのであれば、そのような逆行する主張ではなく、もっと別の視点からの提案を行うべきだ。戦争を防ぎ、平和を維持するための手段は多岐にわたる。たとえば中国や北朝鮮の民主化、防衛力強化を通じた軍事バランスの回復などだ。

ＴＰＰには中国や北朝鮮が到底受け入れられない規則が多数存在するため、現時点での加入は考えにくい。一方でＴＰＰから両国を締め出すのではなく、むしろ加入条件を満たせるような国になってもらう方策を考えることが、戦争リスクの低減に繋がる。

こうした建設的な提案がなされれば、筆者はたとえ野党であろうと賛意を示したい。しかし、現実にはそうした主張はほとんど見られないのが残念だ。

政治家は「国民の生命と財産を守る」職業

民主的平和論や平和の５要件といった理論を学んでわかっただろうが、中国、北朝鮮、ロシアという危険な国が近くにある日本にとって、安全保障問題は最重要課題だ。政治家の第一任務は、国民の生命と財産を守ることに他ならない。

しかし、２０２４年10月の衆議院選挙では「政治とカネ」の問題がクローズアップされるばかりで、外交・安全保障についての議論は十分に行われなかった。

石破政権発足から選挙公示までの期間が短く、また首相の発言がぶれることもあって、有権者は困惑。それが与党の大敗に繋がった。

さらにマスコミは「政治とカネ」の報道に偏りがちで、日本の未来を考えるのに何も役立っていない。もはや「政治とカネ」は過去の問題だ。今回の件はすでに処分済みで議論すべき本質ではないことは、ＮＨＫなどの各種世論調査にも反映されている。

日本で政治体制が大きく変わろうとする中、中国軍は台湾を取り囲むかたちで軍事演習を行い、北朝鮮は韓国へ結ぶ道路や鉄道の一部を破壊するなど不穏な動きを見せている。

中国の習近平国家主席、台湾の頼清徳総統、韓国の尹錫悦大統領、北朝鮮の金正恩朝鮮労働党総書記。四人ともそれぞれ異なる政治信条を有し、「危険な組み合わせ」だ。

極東アジアの安全保障で重要な役割を果たす米国では、バイデンが健康問題を理由に退き、もはや死に体の様相を呈していた。

安全保障の専門家と見なされていた石破首相は、総裁選の時からアジア版ＮＡＴＯや日米地位協定の見直しを無造作に提案し、素人ぶりを露呈している。

さらに問題なのは、日本が衆議院選挙、米国が大統領選挙に集中していたことで、中国による台湾包囲演習や南北朝鮮間の連絡鉄道・道路破壊といった事態に対して、ただちに両国のトップから適切なメッセージが発信されなかったことだ。

台湾有事が発生すれば、日本の存立危機事態を招く危険性があるのに、石破政権は中国の軍事演習をただ傍観するのみ。むしろ、無視しているかのようにさえ見えた。バイデン政権も朝鮮半島への関心が低く、北朝鮮から「米国の責任」と名指しされても対応していない様子だった。

中台が対立する東シナ海と、南北が対立する朝鮮半島、この二つの火薬庫を抱える中、石破首相とバイデン（ハリス）両政権の組み合わせは最悪の布陣だったともいえる。せめて台湾や朝鮮半島の有事に対する日本の対応について、選挙中に真剣に論じるべきだった。

これらの有事は起こってはいけないが、こればかりは日本だけの都合ではどうしようもない。政治の意義は有事の危機管理にこそあり、平時であれば官僚機構に任せられても、有事には政治家が対応を担うべきだ。

現在の安保法制のもと、台湾有事や朝鮮半島有事において首相が自衛隊の最高司令官としての責務を果たすには、具体的な有事へのシミュレーションが不可欠である。米国とどう連携するか、あるいは日本単独での行動が必要かについても備えておくべきだ。

安全保障に比べれば、「政治とカネ」の優先度は低い。台湾や朝鮮半島でいまにも危機が迫っている中、あえて「政治とカネ」の議論に集中することで、その危機から目をそらそうとしているのではないかと勘ぐってしまう。

北方領土奪還の好機はロシアが疲弊した時

さて前置きが長くなったが、ここからは日本が進めるべき具体的な安全保障政策について触れていく。日本にとって、他国からの脅威に晒《さら》されるリスクが高い要因の一つが領土問題だ。現在、日本には中国との尖閣諸島、韓国との竹島、ロシアとの北方領土という三つの領土問題が存在する。まずはロシアとの間で抱える北方領土問題を解説しよう。

北方領土は択捉島、国後島、色丹島、歯舞群島の島々から構成され、日ロ両国にとって地政学的に重要な意味がある。

第2次世界大戦末期の1945年8月9日、ソ連が当時まだ有効であった日ソ中立条約に違反して対日参戦し、日本がポツダム宣言を受諾した後、同年8月28日から9月5日までの間に北方四島すべてを占領した。

ソ連によって不法占拠された北方領土

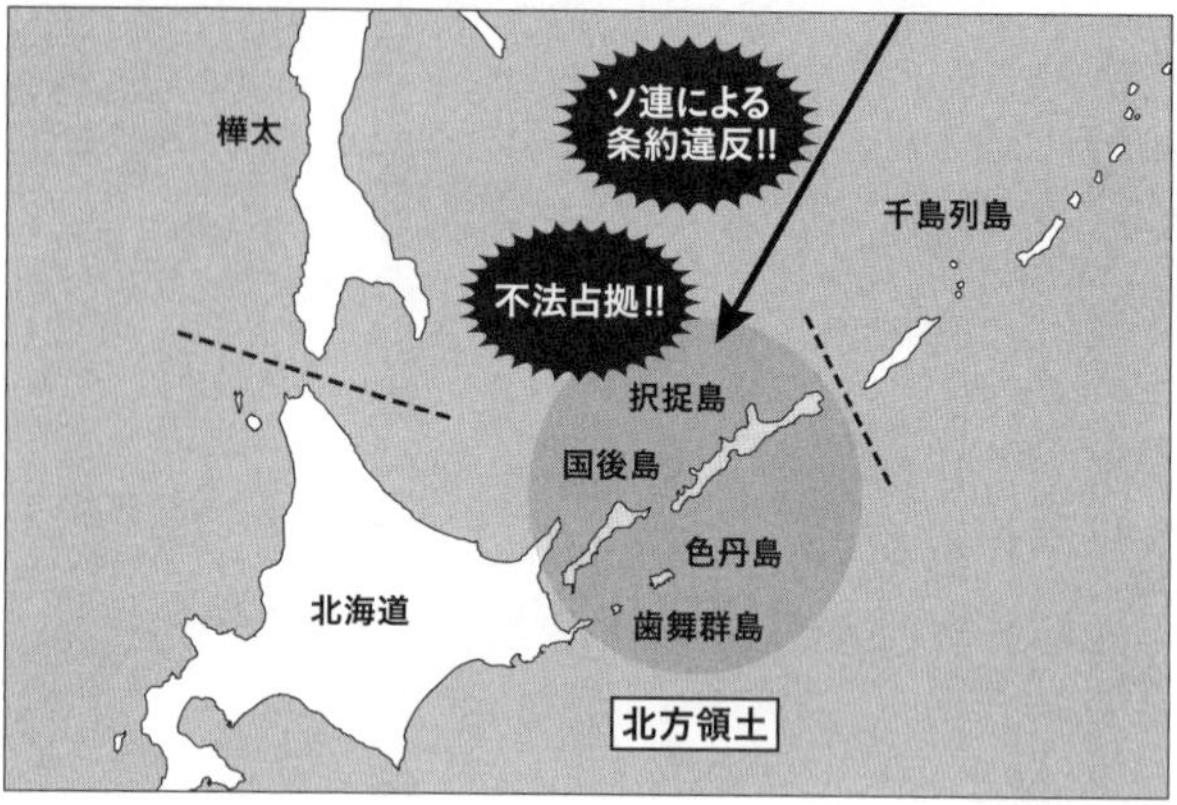

（編集部で作成）

ソ連がすでに崩壊したいまでもロシア政府は北方四島を「ロシアの領土だ」と主張し、日本政府は「日本の領土なので日本に返還されるべき」と主張している。

この問題の解決がいまもなお難航している背景には、「終戦の日」に対する欧米やロシアと日本の認識の違いがある。「終戦の日＝8月15日」ということに、多くの日本人は疑問を持たないだろう。しかし、世界では必ずしもそうではない。

筆者には苦い経験がある。米国で国際関係論を学んでいた時、「第2次世界大戦がいつ終わったのか」という議論があった。

もちろん、筆者は「8月15日」と答えたが、他国の人々は「9月2日」と主張した。9月

2日といえば、東京湾に停泊していた戦艦ミズーリの艦上で日本政府がポツダム宣言に基づく降伏文書に署名した日だ。その場では、筆者の意見に同調する者はいなかった。

さらに衝撃的だったのは、ロシア人が「ソ連が北方四島に侵攻したのは9月2日以前だから問題ない」と正当化したことだ。筆者は「それは日ソ中立条約に違反している」と反論したが、誰も支持してくれなかった。

ソ連は枢軸国（日本、ドイツ、イタリアなど）と敵対した連合国の一員であり、連合国は勝者だ。勝者の論理に反対する者はいない。戦争中のどんな不法行為も、実際に占領した側の主張がまかり通るのが世界の現実だ。

歴史を振り返ると、ロシアが関わってきた戦争は、いずれも南方への進出を目指す野心が根底にあることがわかる。

北極海に面したロシアでは豊かな農業が難しく、冬には港が凍結して使えなくなってしまう。そのため不凍港と肥沃《ひよく》な土地を求め、南方への野心を燃やし続けた。ここでいう南方とは、黒海や中東、朝鮮半島の方向を指す。地図上ではインド洋への進出も考えられるが、実際には世界最高峰のヒマラヤ山脈によって隔てられており進出は容易ではない。

北方領土は石油や天然ガスといった地下資源が豊富で、希少金属も埋蔵されている可能

米国アラスカとロシアの距離

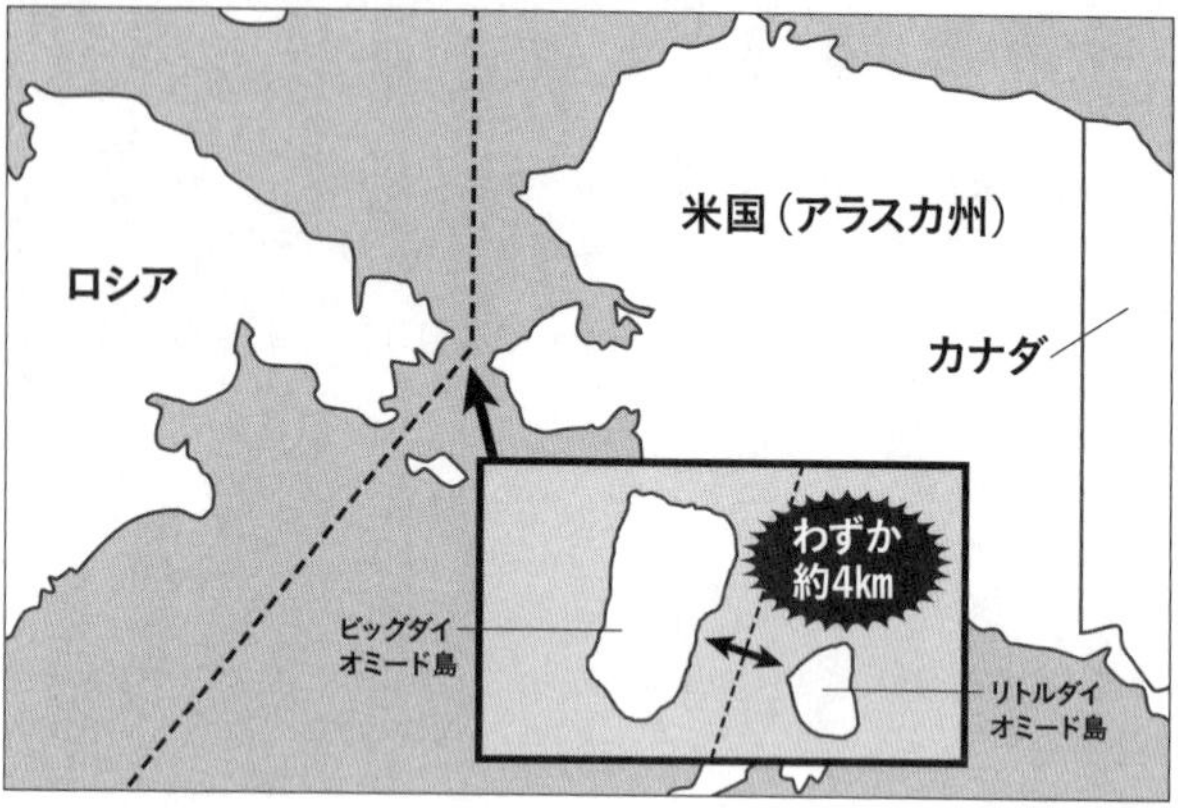

（編集部で作成）

性が指摘されている。さらに世界3大漁場の一つに数えられるほど、タラ、カレイ、カニといった日本ではおなじみの漁業資源が多く獲れ、サケやマスの産卵海域としても重要だ。

また、ロシアは過去に領土で手痛い経験もしている。1867年、財政難に陥っていたため、米国にアラスカを720万ドルという破格の安値で売却し、のちに後悔した。

当時は米国もアラスカそのものに大きな価値を見いだしていたわけではなかったが、米大陸を掌握するための土地として「購入して損はない」と考えたのだろう。

しかし、購入後にアラスカで金鉱が発見され、その後は石油や天然ガスなどの地下資源も見つかった。さらにその後、冷戦時代に突入すると、アラスカは米国の対ソ戦略で重要な役割を果たした。もしカナダの西端にソ連の領土があったとすれば、ソ連はもっと有利に戦略を立てられた可能性もあった。安価で米国に売却してしまったアラスカの価値は、地政学的に見れば多方面にわたる。ロシアは同じ失敗を恐れているのだろう。

そう考えると、北方領土の返還は当面見通しが立たない状況だが、一方でウクライナ戦争が長引けば、ロシアが疲弊し、ソ連のように体制崩壊する可能性がある。その場合、モスクワから遠く離れた北方領土に対する関心が薄れ、手放すことも考えられる。このタイミングが、日本が北方領土を奪還するチャンスとなるかもしれない。

ただしウクライナ情勢次第では、ロシアが日本にも強い敵意を向けてくる恐れもある。この点についても警戒が必要だ。

竹島に不法侵入する韓国議員は入国禁止に

日本と韓国との間にも領土問題がある。それが竹島問題だ。竹島は隠岐島の北西約１５８キロメートルに位置し、二つの島と多数の岩礁からなる火山島だ。

竹島は歴史的にも国際法的にも日本固有の領土なのははっきりしている。島根県議会では、毎年2月22日を「竹島の日」と定めている。

そもそも竹島問題の発端は、サンフランシスコ平和条約発効直前の1952年1月、韓国がいわゆる「李承晩ライン」を一方的に設定し、そのライン内に竹島を取り込んだことだ。明らかに国際法に反した行為で、日本として認められないと直ちに厳重な抗議をしたが、完全に無視された。

その後、韓国は竹島に警備隊員などを常駐させ、宿舎や監視所、灯台、接岸施設などを構築。それ以降、実効支配というかたちで竹島の不法占拠を続けている。日本政府はこれに抗議を続けているが、実際には竹島へ近づくことはできない。

この問題が未解決のため、日韓漁業協定により竹島周辺の海域は暫定的に共同管理されている。しかし、日韓の漁業規制の違いや韓国漁船の規則違反により、日本漁船はほとんど漁を行えていない状況だ。また、日本海西部には石油や天然ガスなどの海底資源が存在するとされているため、竹島はその観点からも重要な領土である。

他国は少しでも日本が隙を見せれば不法侵略し、その直後に有効な反撃を何もできないと実効支配へ移行してしまう。それが国際常識かつ歴史の事実だ。誰も自国を犠牲にしてまでも日本を守ってくれないわけで、日本の領土を守るには日本が行動を起こすしかない。

韓国が一方的に設定した李承晩ライン

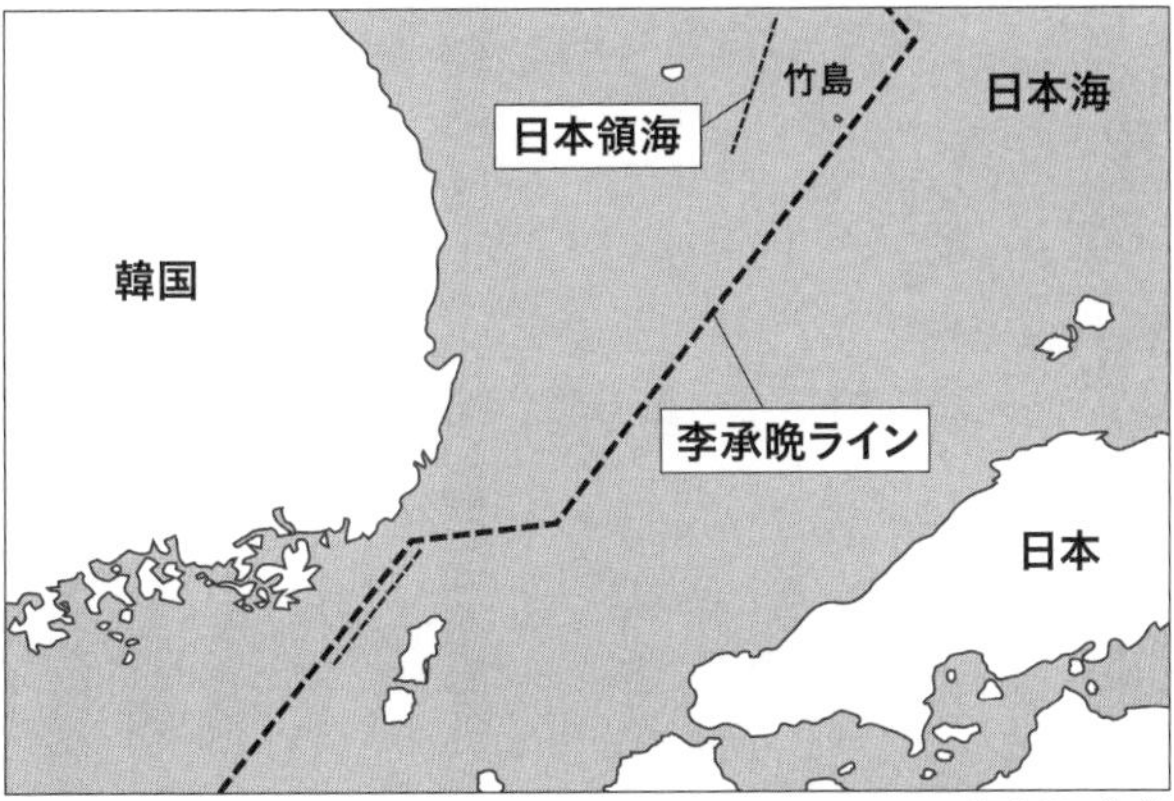

（編集部で作成）

竹島近海の海底資源

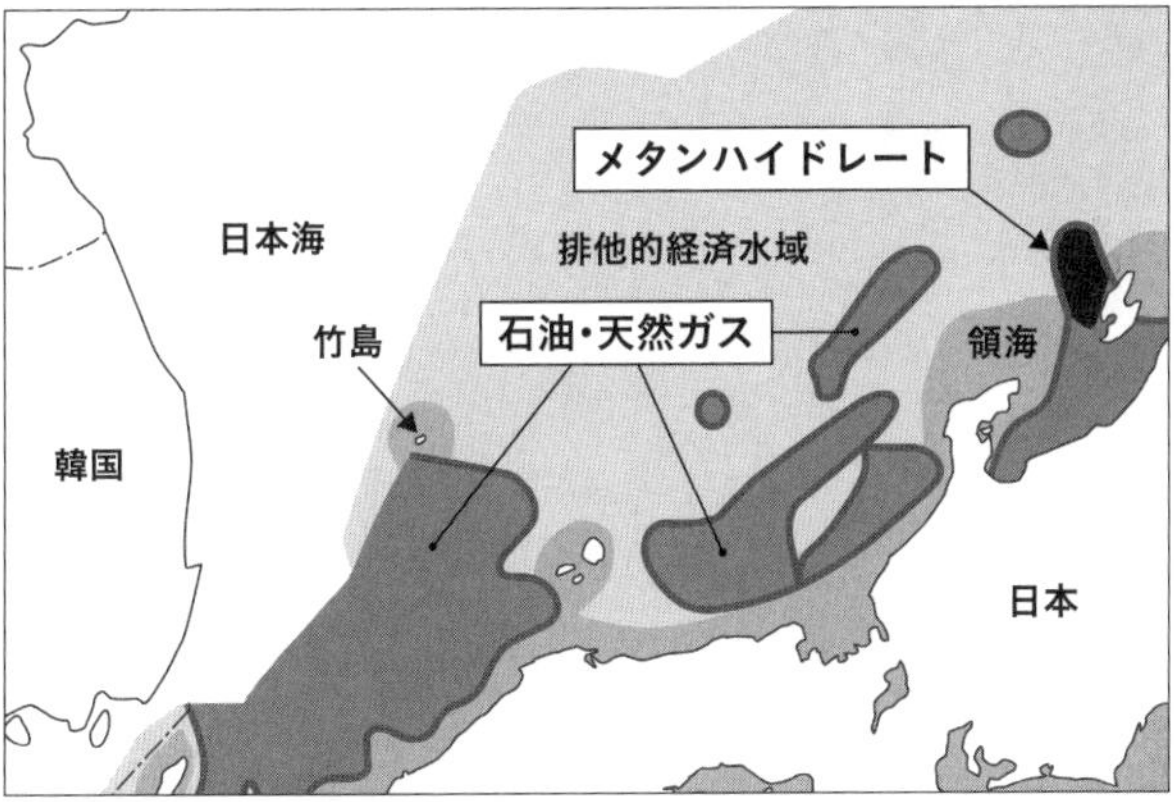

（公益財団法人日本離島センター『日本の島を学ぶ しまなび』より）

２０２４年５月には、韓国野党「祖国革新党」のチョ・グク代表（元法相）が竹島に上陸した。その際に上川陽子外相は「竹島には施政権が及ばないから処罰できない」と答弁したが、本来なら「不法占拠されているから処罰できない」と正確にいわなければならない。同時に、竹島に不法上陸したチョ・グク議員は、日本への入国を禁止するのが国際的なルールだ。

尖閣諸島は不法占拠の誘因を与えてはだめ

中国との間にも尖閣諸島の問題を抱えている。尖閣諸島が日本固有の領土であることは歴史的にも国際法上も明らかだ。現に日本はここを有効に支配している。

１８９５年の尖閣諸島の日本領への編入から１９７０年代まで、中国は日本による尖閣諸島への有効な支配に対して一切の異議を唱えてこなかった。しかもこの間、中国共産党の機関紙や中国の地図の中でも、尖閣諸島は日本の領土として扱われてきた。にもかかわらず、中国はいまさら領有権を主張しているのだ。

昔もいまも中国は太平洋へ進出しようとしている。西欧列強による半植民地時代、日清戦争、辛亥革命、第１次世界大戦、第２次世界大戦などを経るうちに、中国の統治者には

尖閣諸島近海の海底資源

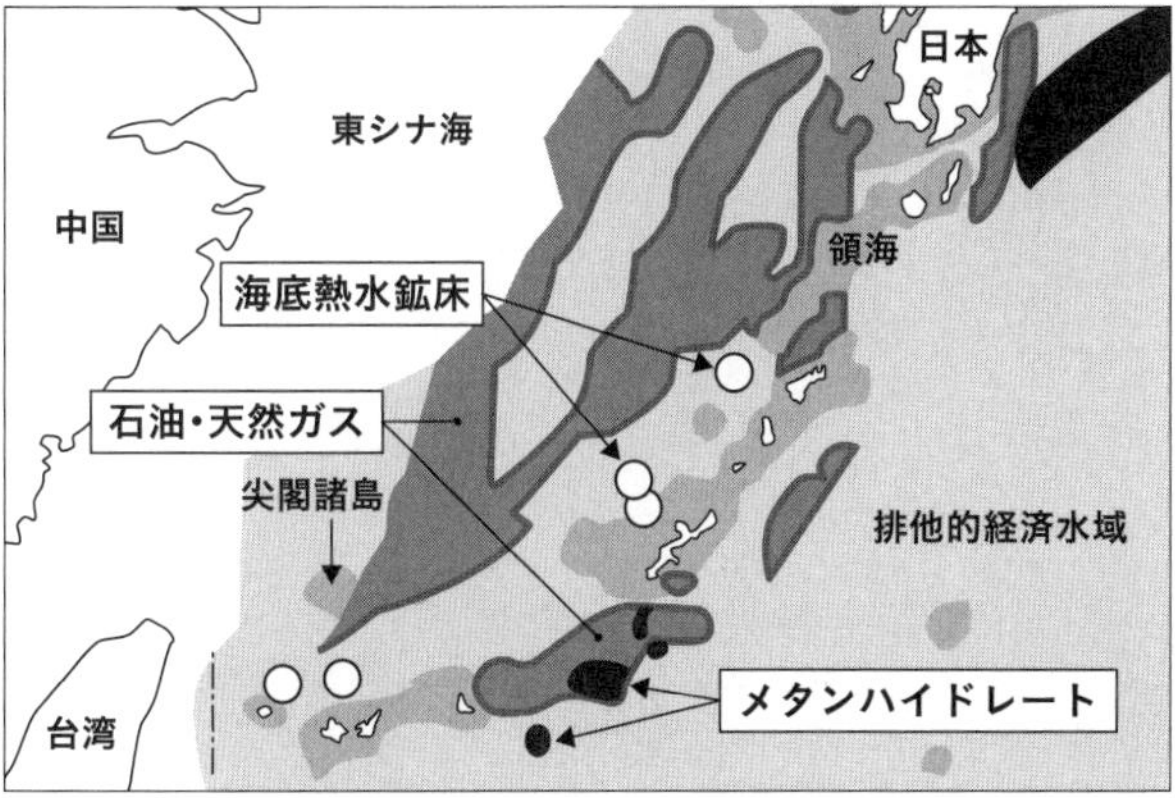

（公益財団法人日本離島センター『日本の島を学ぶ しまなび』より）

「内陸から海洋に打って出よう」という大きな意識変革が起こった。かつての英国や現在の米国と同様、海の支配を経て覇権国家になろうとしているのだ。

そうした習近平の野心を実現するためには、南シナ海に続き、東シナ海も支配下に置かなければならない。つまり、次に狙われるのは台湾と日本の海域であり、尖閣諸島がそのターゲットとなる。

もっとも、尖閣諸島については、広大な領土を持つ中国が、あの小さな島々そのものを領土として欲しているわけではない。中国の海洋進出において、尖閣周辺の制海権や制空権が軍事的に必要なのは当然だが、加えて海域に眠る膨大な天然資源も目当てなのだ。尖閣諸島の領有問題が浮上したのも、天然資源の存在が指摘されてからだった。

尖閣諸島の経済的価値は不明確だが、天然資源が乏しい日本にとってこの問題の早急な解決は必要不可欠だ。

とはいえ、中国は国連安保理の常任理事国である。仮に尖閣諸島で何か問題が起こっても、国連は中国の拒否権によって何の力も発揮できないだろう。中国が拒否権を行使すれば、尖閣問題はそこで終わる。

さらに尖閣諸島は無人島だ。中国の巨大な人口が一気に押し寄せたら、占領を防ぐことは難しい。フィリピンへの対応をみても、中国がこのような暴挙に出る可能性は高い。

こうした動きに対するカギとなるのは、台湾のトップである総統に誰がなるかだ。台湾の自治権を主張する民主進歩党の党首（現在は頼清徳）が総統のうちは、米国、台湾、日本の協力が引き続き機能し、中国も簡単には手を出せないだろう。しかし、対立候補である国民党の党首が総統になるようなことがあれば、状況は不透明になる。

では、日本が領土を守るためになすべきことは何か。日本の対応としては、少しの隙も見せないことで他国に有利な状況を作らせないことが第一に求められている。もし他国から占拠される事態になった場合、その何倍もの反撃をするという姿勢は堅持し、不法占拠の誘因を与えないことが重要だ。

尖閣諸島が日米安保条約の対象になるかどうかは、しばしば議論の対象となる。米政府も公言しているように、尖閣諸島は当然に条約の対象だが、米国が実際に守ってくれるかどうかは別問題だ。日米間には、現行の安保条約の前身である旧安保条約が存在する。これは１９５１年９月に署名され、１９５２年４月に発効した条約だ。

その条約には、外国による武力侵攻に対する米軍の支援が規定されていたが、韓国による竹島占領があっても米国の対抗措置はとられなかった。また、ソ連は北方四島のうち色丹島と歯舞群島の引き渡しを拒否したが、米国の対抗措置は同様になかった。

竹島、色丹島や歯舞群島において日本側に施政権がなかったことも影響したが、自国で領土を守らなければ、施政権を行使していない、すなわち権利を放棄しているとみなされる。それが冷酷な国際社会のルールだといえる。

現在の日米安保条約でも「日本国の施政の下にある領域」（第５条）が対象となっている。そのため、まずは日本が自ら守らなければ施政権外と見なされる可能性があるのだ。

「行政標識」を立てれば実効支配を示せる

中国が圧力を強める中で、東アジアの安全保障をどのように考えるべきかが問われている。特に台湾は、中国に絶対渡してはならない民主主義のとりでだ。

ウイグルの制圧、南シナ海の軍事拠点化、香港の民主主義の後退という現状を踏まえれば、台湾の重要性はさらに増している。実際、台湾に対してあいまいな姿勢を取ってきた米国も、その政策を少しずつ変えつつあるようだ。米国が台湾防衛に傾き始めている兆候は明らかである。2022年8月、ナンシー・ペロシ下院議長が台湾を訪問したのもその一つだ。

当時、この訪問は米政府の正式な行動ではないとされた。米議会が行政府から独立しているため、ペロシ下院議長は大統領の指示を受ける立場にないという理屈だ。しかし、彼女が米軍機で台湾に向かい、飛行ルートにフィリピンの東側を選んだ際、空母ロナルド・レーガンが護衛についた。このことから、米政府の意向と無関係というには無理がある。もし中国が台湾に侵攻すれば、米国が黙っていないという姿勢を示した行動と見なせる。

一方で、日本にとっても中国の拡張主義は大きな脅威となっている。中国がこれ以上増

中国の脅威にさらされている日本のシーレーン

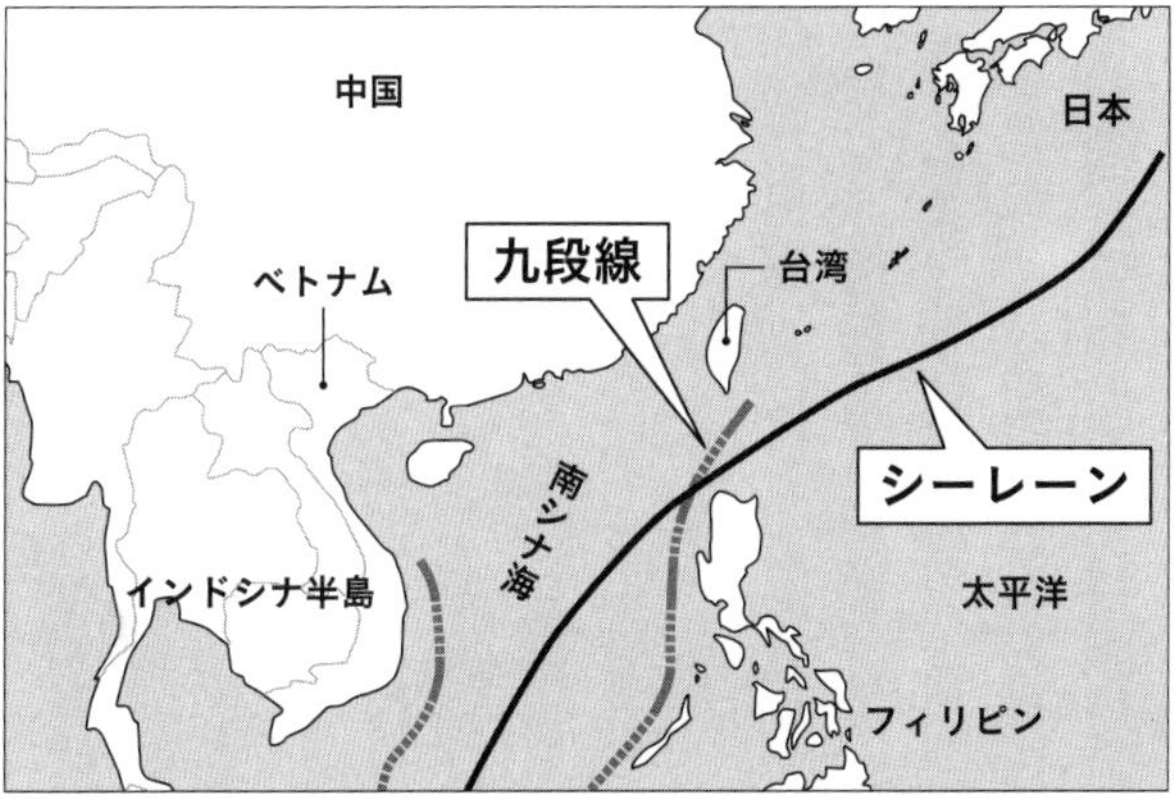

（編集部で作成）

長すれば、日本の領海や領土が危険にさらされる可能性が高まるからだ。

今後、中国が南シナ海に築いた人工島や軍事拠点の周辺に原子力潜水艦を配備すれば、日本の重要な海上交通路であるシーレーンが大きく脅かされることになる。

南シナ海で起こった事態と同様の動きが、東シナ海でも起こる可能性は十分にある。そのため日本としても中国の動向を注視し、適切な対策を講じていく必要がある。また、中国が防衛線として定めた第２列島線の領有権まで主張し始める可能性もある。尖閣諸島や沖縄への進出がその第一歩となるだろう。

中国の脅威については、ここまでで十分理解していただけただろう。資本主義・民主主義国家と社会主義・独裁国家という違いはあれども、隣国としての経済的結びつきが良好なら、うまくやっていけるという考え方は所詮《しょせん》幻想に過ぎない。

そんな中国が狙っている尖閣諸島は、沖縄県石垣市に属している。歴代の石垣市長は、尖閣諸島に「行政標識」を立てるよう日本政府に要望してきた。2020年10月、石垣市は尖閣諸島の住所を「石垣市登野城」から「石垣市登野城尖閣」に変更した。そして2021年度、尖閣諸島の5つの島（魚釣島、大正島、南小島、北小島、久場島）に行政標識を立てるため、国に上陸許可を申請することを決めた。

これは日米安保条約の適用を確実にするためだ。日本が施政権を行使し、実効支配している土地でなければ、日米安保の対象にはならない。行政標識を立てれば、無人島であっても日本が実効支配していることを示せるというわけだ。しかし石垣市からの要望は、中国を刺激したくない日本政府によって拒否されてきた。

一般市民が政府の判断に直接関与することは難しいが、尖閣諸島を擁する石垣市の活動を経済的に支援することはできる。実際、石垣市は、尖閣諸島の資料収集および情報発信事業のための寄附を目的としたふるさと納税を募っている。

他にも、石垣島から西表島などの離島に向かうフェリー乗り場には尖閣諸島の歴史や貴重な資料を展示する石垣市尖閣諸島情報発信センターがある。住民税の一部を石垣市に納めることで、尖閣諸島関連事業により多くの資金が割り当てられるようになるのだ。

こうした草の根的な調査活動や啓蒙活動は、意外と影響力がある。観光で石垣島を訪れた人々の中には、この活動に触れ、尖閣諸島に対する意識を高める人もいるだろう。

そうした民意の力が、政府中枢に影響を与える日がいずれ来るはずだ。

領空侵犯に際しては実力行使が国際常識

２０２４年8月、中国軍の情報収集機が長崎県沖の日本の領空に侵入し、航空自衛隊の戦闘機が緊急発進した。同年10月、中国政府は領空侵犯を認めた上で「気流の妨害に逢い、不可抗力で短時間領空に入った」と言い訳している。中国軍機が日本の領空を侵犯したのは、実はこれが初めてだ。

まず8月26日、長崎県五島市の男女群島の南東沖上空で、中国軍のＹ９情報収集機１機が日本の領空内を飛行した。これまでドローンによる領空侵犯はあったが、有人の軍用機による領空侵犯は初めてだった。

この事案がどれほど深刻であるか、国際法の観点からみてみよう。

中国軍機による日本領空侵犯

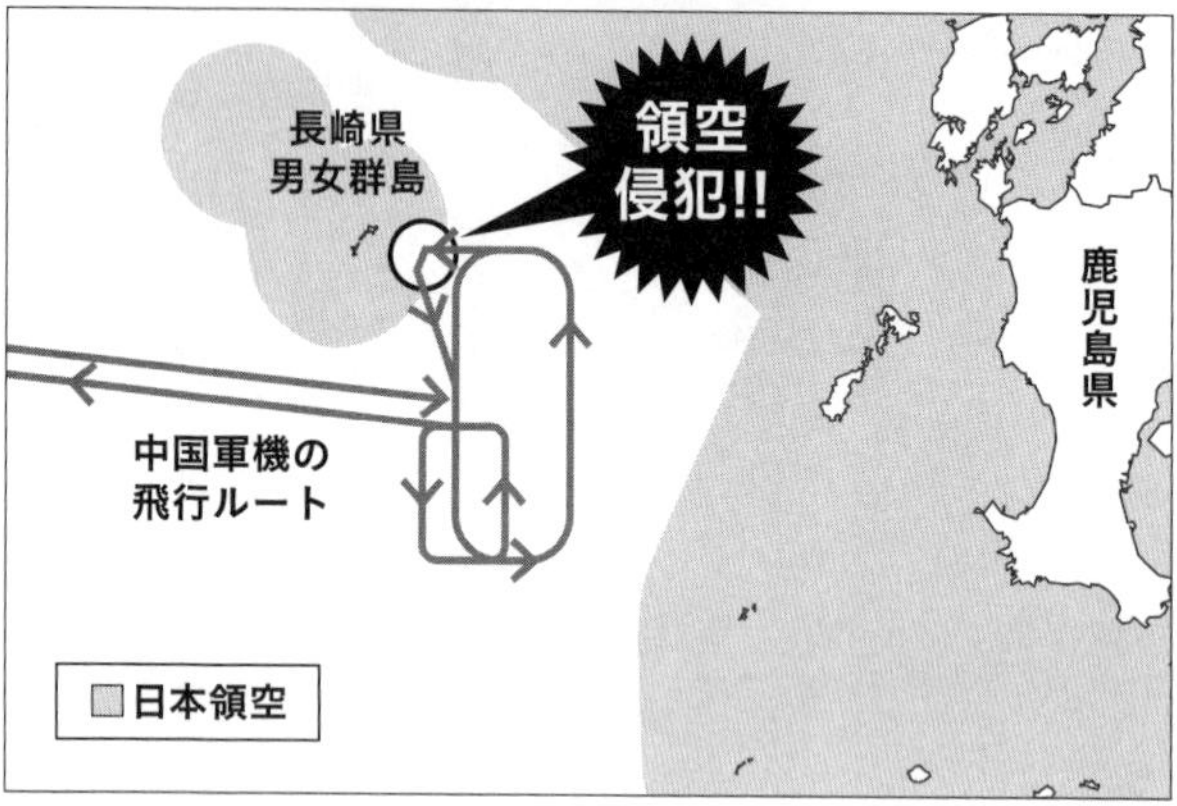

（編集部で作成）

まず、領海と領空では対応が異なる。領海は干潮時の海岸線から12カイリ（約22キロメートル）以内の海域で、沿岸国の主権が及ぶ。しかし航行の自由の原則に基づき、軍艦を含むすべての船舶には領内で「無害通航権」というものが認められている。簡単にいえば、無害な外国船ならば沿岸国の領海を事前通告なしに通れる権利だ。

一方、領空は領土および領海の上空を含み、こちらも当該国の主権が及ぶ。ただ領海とは異なり、領空には無害通航権が認められていない。つまり領空侵犯は領海侵犯よりも厳しく扱われる。国際法上、明確な違反行為をすればただちに撃墜されるほどの事案だ。

実際、１９８３年には大韓航空機がソ連の

領空を侵犯し、撃墜された事例がある。その後、国際民間航空条約（シカゴ条約）の改正により民間機への武器使用は禁止されたが、軍用機の場合は領空侵犯があれば撃墜されても文句はいえない。

今回の一件も日本側が厳重抗議したのに対し、中国側は意図的ではなかったと主張しているが、この発言には不気味さを感じる。ミスであったとしても軽率だし、意図的なものでなくとも撃墜されなかったことで既成事実を積み上げる可能性があるからだ。

一部には、前月の７月に日本の海上自衛隊の艦艇が、中国の領海を中国側の承認なく航行したことに対する、中国の意趣返しとする見方もある。しかし、無害通航権が認められている領海侵犯と無害通航権がない領空侵犯を同列に扱うべきではない。

領空侵犯した中国軍機は電波情報を収集する機体とみられている。そのため、九州に駐留する自衛隊や米軍基地の電波情報を収集することが目的だった可能性もある。

領空侵犯に際しては警告や警告射撃を行うべきだった。民間のドローンによる領空侵犯についても撃墜は可能だったが、日本はそうした対応を取らなかった。そのため、日本が領空侵犯に対して実力行使をしない国だと、中国に見なされているのかもしれない。

さかのぼること２０２３年２月、中国の気球が米国領空を侵犯した。その際、中国側は民間の気球だと主張したが、米国は無害通航権がなく軍事目的とみなし撃墜している。

自民党の二階俊博元幹事長率いる日中友好議員連盟が北京を訪問した際、今回の中国軍機による領空侵犯について中国政府に遺憾の意を表明した。しかし、中国側の返答は「意図的ではない」との回答にとどまった模様だ。

議連には、議員外交を通じて日本と中国の政府間対話を後押しする役割がある。いまこそ、その役割を十分に果たすべきだろう。

NHK「放送テロ」の黒幕は秘密警察？

2024年8月、NHKラジオ国際放送の中国語ニュースにおいて、中国籍の元外部スタッフが尖閣諸島について「中国の領土である」と原稿にない問題発言をした。

NHKの調査によれば、靖国神社で落書きが発見され、警視庁が器物損壊事件として捜査しているというニュースに関し、元外部スタッフは「あいまいな内容をそのまま中国語に翻訳して放送すれば、個人（自分）に危険が及ぶ」と声を荒らげ、強く反発していたとされる。また2016年の時点から、そのスタッフが中国当局の反応に対する不安や懸念を、職員に伝えていたという話もある。

中国の秘密警察の拠点があると指摘されている国

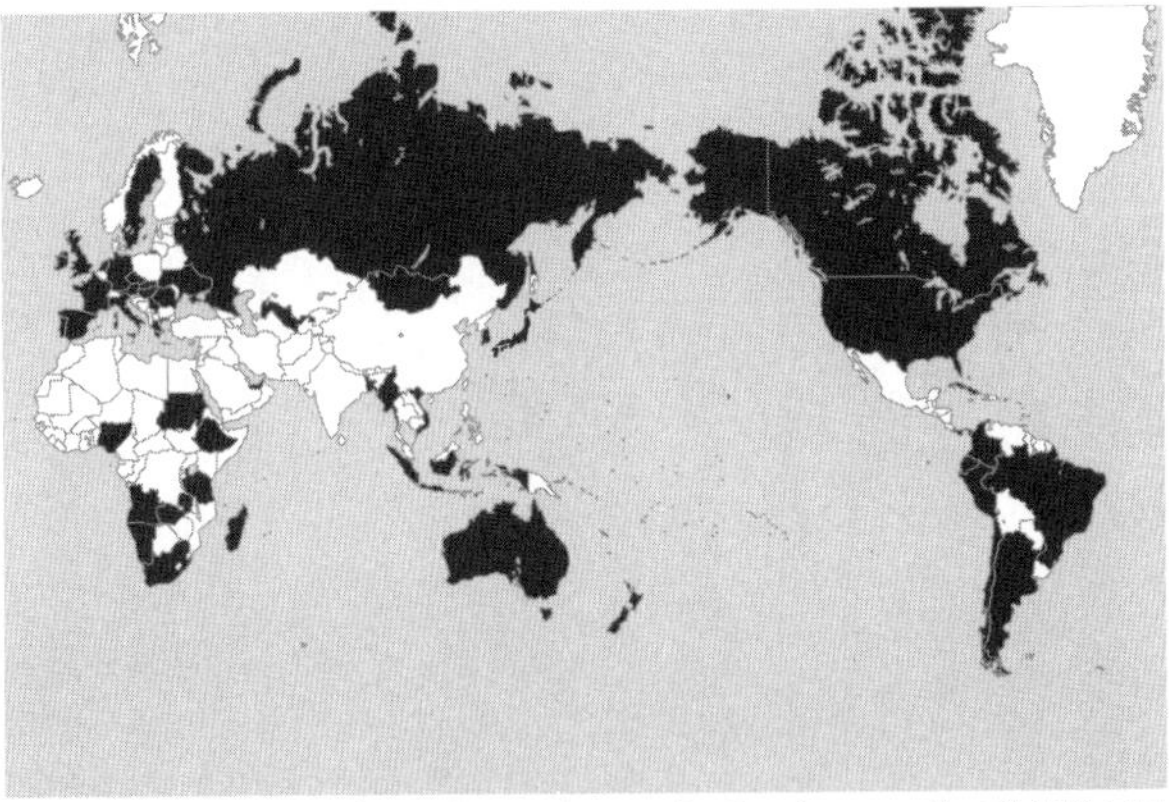

（国際人権NGO「セーフガード・ディフェンダーズ」資料より）

では果たして、中国当局が海外にいる中国人にまで危害を及ぼすことはあるのか。今回の件でいえば、中国にとって都合の悪いニュースを報じた中国人キャスターが、中国当局から命を狙われるようなリスクはあるのか。それを知る一つの手掛かりが、２０１０年に中国で安全保障の一環として施行された「国防動員法」だ。

国防動員法は、平時の動員準備と戦時の動員実施の法的根拠となっており、中国国内のみならず海外在住の中国人も動員の対象となる。また２０２０年に施行された香港国家安全維持法も、外国勢力と結託して中国の国家安全に危害を加える行為を規定し、中国国外でも適用される法律だ。そのため、中国籍の元外部スタッフがこれらの法適用を懸念した可能性は大いに考えられる。

中国が世界各地に設置している「秘密警察（海外110）」の存在も問題だ。スペインに本部を置く人権NGOセーフガード・ディフェンダーズによれば、中国の秘密警察は世界53カ国に102カ所以上、日本には少なくとも2カ所存在しているという。秘密警察の施設自体が、各国の主権侵害となる可能性があるため、14カ国が調査を開始しているが、日本政府は依然として対応を明らかにしていない。

中国人を雇用する日本企業は多いが、もし秘密警察の監視が在日中国人に及ぶとすれば、彼らの行動には制約が生じる。2022年末時点で、日本に中長期滞在中の中国人は、約76万人で世界194カ国中最多だ。

この中国籍の元外部スタッフは、NHK以外にも内閣府、経済産業省、警察庁といった官庁や日本の大手企業などで業務を行っていたとされ、かなり日本の中枢に食い込んでいたようだ。NHKはすでに元外部スタッフに対して、信用毀損《きそん》などの損害賠償を求める訴えを起こし、刑事告訴の検討も進めているという。

放送テロが起こった当日は、海上保安庁が尖閣諸島に上陸したメキシコ人を書類送検し、同島の実効支配を国際的に示した日でもあった。

いずれにせよ、今回のＮＨＫの「放送テロ」は多くの教訓を残した。国益に反するため早急に解決すべき問題であり、元外部スタッフの動機の解明が急がれる。

「ＧＳＯＭＩＡ」は地政学上重要だが…

駐留米軍の維持に必要な費用の一部を、米国と同盟国が分担するための「防衛費分担特別協定」（ＳＭＡ）というものがある。特に日本や韓国などに適用され、基地運営費、人件費、施設整備費などが含まれる。

ＳＭＡは通常数年ごとに更新され、交渉で分担額が決定される。この協定により米軍の駐留にかかる経費が分担され、米国と同盟国の安全保障関係が維持されている。

米韓同盟におけるＳＭＡの期限は２０２５年末だった。２０２４年９月、トランプの２期目の政権誕生を見据えて、米韓が年内にも新たなＳＭＡ協定を結ぶ可能性があると報じられた。その後、韓国は５年間の新たなＳＭＡで、２０２６年以降の韓国側負担を前年比８・３％増となる１兆５２００億ウォン（約１７００億円）にすると発表した。その後の４年間は年間上昇率の上限を５％とし、物価上昇率を反映させるという。

もしこの交渉が決裂していたら、米国が米韓同盟から離脱するという最悪のシナリオも

中ロ朝から日本を守る韓国の役割

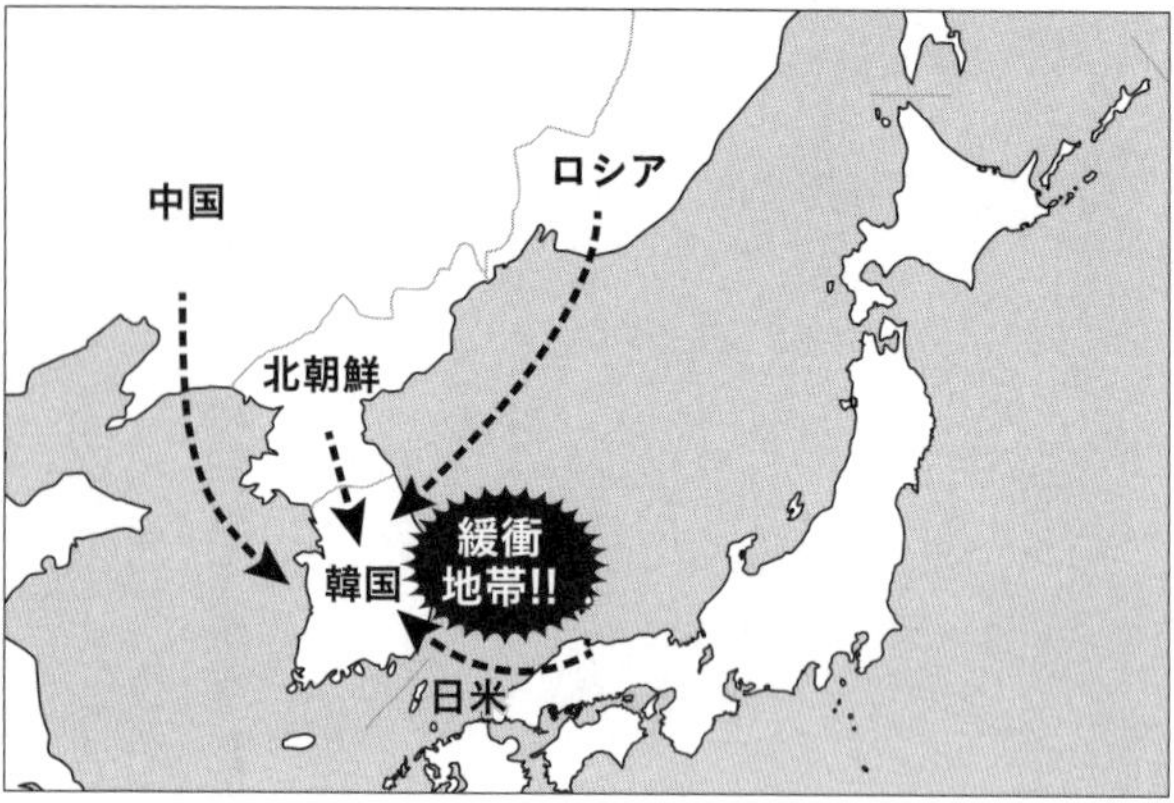

（編集部で作成）

考えられた。米韓同盟が破棄されれば、アジア地域におけるハブ・アンド・スポークス体制が崩れてしまう。なによりも日本にとって韓国は地政学的に中国、北朝鮮、ロシアとの緩衝地帯にあたるため、安全保障上重要な国だ。本来なら中国や北朝鮮の脅威に対抗するため、日本が提唱するセキュリティ・ダイヤモンド構想に韓国も参加することが望ましい。

すでに日本と韓国は軍事情報包括保護協定（GSOMIA）も締結している。GSOMIAとは、2国間で軍事機密情報を安全かつ円滑に共有するために結ばれた協定で、情報の保護や取り扱いに関する基準も定められている。北朝鮮のミサイル発射や核開発などの脅威に対して、迅速に対応するために締結された。
しかし韓国は時の政権によって、いつＧＳＯＭＩＡを破棄するか予測できない。実際に文在寅政権下の２０１９年に、協定破棄を通告した過去もあるので、注意が必要だ。

多国間安保体制はスパイ防止法が大前提

日本がＡＵＫＵＳをはじめ、多国間での安全保障体制に参加するためには、いくつかの課題もある。特に、日本でスパイ防止法など防衛秘密の扱いに関して、きちんとしていることが大前提だ。安倍政権下で特定秘密保護法が制定されたが、海外からの要求基準には及ばず、点数をつけるとしたら60点ぎりぎりだった。

日本でスパイ防止法を作ろうとすると「戦前の治安維持法の再来だ」と大反対する勢力もいるが、そもそも特定秘密保護法の対象は公務員に限られていた。また従来までの法律では、特定機密情報の範囲も防衛、外交、特定有害活動の防止、テロリズムの防止の４分野に限られており、経済安全保障に関する情報は保全の対象外だった。

しかし高市早苗議員の尽力により、２０２４年5月、経済安全保障分野におけるセキュリティ・クリアランス制度創設のための法律が公布された。

制度の説明を簡単にすると、政府が保有する安全保障上重要な機密情報にアクセスする人には、身辺調査をした上でアクセス資格を付与するというルールが設けられた。また民間事業者などに政府から情報が共有される場合も、事業者の施設などの確認も併せて実施される。

クリアランス保有者は、米国では民間も含めて400万人以上、その他の主要国でも数十万人以上存在する。官民のクリアランス保有者の比率は、米国では官が7割、民が3割で制度として定着している。日本では、2022年4月末時点でクリアランス保有者は約13万人で、保有者の比率は官が97%、民が3%と、事実上公務員を対象としていたが、今回の制度創設により、ようやく主要国なみになったのだ。

安倍政権において、2013年に国家安全保障会議（日本版NSC）が発足し、特定秘密保護法が成立。2014年4月に防衛装備移転三原則、同年7月に集団的自衛権に関する憲法解釈の変更、2015年に安全保障関連法、2017年に改正組織的犯罪処罰法が成立するなど、安全保障に関する施策が進められた。これらの施策は、先進国で当然とされる安全保障に一歩でも近づけるものだった。

日本の平和を守るためには、多国間で安全保障体制を構築する必要があり、それを実現するには今後もこうした国内問題を疎《おろそ》かにしてはならない。

集団的自衛権は道義的にも法解釈的にも当然

日本を防衛する方法については、さまざまな政治的立場が存在する。

一つの立場は非武装中立論で、武力による防衛を行わず国連などで外交努力をするというものだ。攻撃を受けた場合は素直に降伏し、占領されることを受け入れるという考え方で、虐殺を避けるように努めるという〝お花畑論〟である。この立場はめまいがするような馬鹿げたものだが、依然として多くの支持者が存在する。

武力を用いた防衛を行う現実的な立場では、他国との共同防衛を選択するか、自主防衛を志向するかという二つの選択肢がある。前者は日米同盟に近いが、後者は対米追随を避ける完全自主防衛を目指すもので、主に右派の論者が主張する。

集団的自衛権の行使を否定する左派の人々は、原理的には同盟関係を認めない立場になる。本来は自主防衛の立場に近いはずだが、それに気づいていない人も多く滑稽だ。軍事同盟を結ぶこと自体が集団的自衛権と切り離せない行為で、日米同盟を維持しながら日本だけが集団的自衛権を行使しないというのは常識的に成立しない。

戦後の日本でこの非常識が許されてきたのは、日本の再軍備を防ぎたいという米国の意向と一致していたからに過ぎない。国際情勢や米国の姿勢が変化したいま、「他人は助けないが、自分は助かりたい」というのでは、筋が通らない。

他国との共同防衛を行わず、日本単独で自主防衛をする場合、現状の自衛隊の戦力では他国からの武力行使に対して国土を長期間守り切ることは難しい。そうした視点から考えても、2014年に閣議決定された集団的自衛権の行使容認は正しい判断だった。最近の国際情勢の変化をみても、安倍政権におけるこの施策は先見の明があったと評価できる。

ただし従来の方針を変更することでもあったため、ある程度慎重にならざるを得なかった面もある。集団的自衛権もフルスペックではなく限定的なものだったため、いまだにNATOをはじめとした多国間軍事同盟への参加も難しい状況だ。それでも突破口を開くことに意義を見いだし、安倍政権は我慢した。筆者はその政治交渉に同席する機会があったが、安倍政権の意図を深く感じ取ることができた。

集団的自衛権の行使は、平和の5要件にも合致する上、法解釈の観点からも行使は当然認められる。たとえば夜道を歩く際、一人で無防備に歩くより、数人のグループで歩いたほうが安全なのは誰でもわかるだろう。まさにこれと同じ理屈だ。

こうした国際問題に関しては、常に世界の常識に照らし合わせて考える必要がある。そこへいくと、欧米において自衛権は刑法上の正当防衛と類似した概念としてとらえられている。正当防衛は英語で「self-defense」といい、自分だけでなく、親や友人など身近な他者を守る行為も含んでいる。

では、日本における正当防衛はどう定義されているのか。刑法第36条第1項には「急迫不正の侵害に対して、自己又は他人の権利を防衛するため、やむを得ずにした行為」とあり、正当防衛なら罰しないと記されている。つまり、日本でも正当防衛は自分一人に対してだけ用いられる概念ではない。自分が攻撃されそうになった時に自己防衛するのは当然だが、友人が攻撃されそうになった時にみて見ぬふりをするのは、人として非道だ。

この正当防衛の考え方を当てはめれば、集団的自衛権の正当性は明らかだ。「人」を「国」に置き換えれば、自国や他国の権利を防衛するため、やむを得ずした行為は正当防衛となる。集団的自衛権の行使は、日本の法律に照らし合わせてもまったく問題ない。

古代ローマには「汝平和を欲さば、戦への備えをせよ」という格言があった。これは、十分な戦闘能力を備えることで他国からの攻撃を防ぐという考え方である。

平和を守るためには、それを脅かされないだけの軍事力が必要で、その負担を避けては平和と経済的繁栄の維持は難しいのだ。

防衛戦略上の要衝である沖縄米軍基地は絶対死守

南シナ海を制した中国は、次に東シナ海の南西部に位置し、台湾にも近い日本の尖閣諸島を狙っている。こうした状況を考えると、沖縄の米軍基地反対運動は理解しがたい。脅威が迫る中で、そうした運動を展開することがいかに危険かは明白だ。

２０２２年５月、沖縄復帰50周年式典で、同県知事が「基地のない平和な沖縄はまだ実現していない」とスピーチした。だが、そもそも50年前に沖縄が平和的に返還されたこと自体が非常に珍しい出来事であり、普通であれば戦後の占領状態が続くはずだった。ウクライナの状況をみてもわかるように、占領された土地は簡単には返還されない。沖縄が返還されたのは、世界的にみても極めてまれな例だ。

中国が太平洋に進出しようとした時、最初にぶつかるのが沖縄だ。米国の世界戦略を考えれば非常に重要な場所であるため、返還されずに占領されたままでもおかしくなかった。しかし、日本の外交努力によって平和的返還が実現したのだ。

たしかに、米軍兵士による少女暴行事件などの犯罪に対して、怒りを覚えることは十分理解できる。だが、日本の海上安全保障という観点から見れば、日米同盟を継続して国を守るためにも、沖縄に米軍基地が必要なことは疑う余地がない。

あるいは、もし米軍が撤退して日本がすべてを管理することになれば、莫大なコストがかかる。そう考えると、現実的には米軍に沖縄で基地を維持してもらうしかない。基地負担が大きいというなら、それは振興策の強化で対応できる。

振興策についていえば、沖縄は観光業が一番の産業だが、そのためにはインフラ整備が必要だ。観光地へ簡単にアクセスできるようにしなければならない。

筆者が役人時代に手掛けた仕事の一つが、那覇空港から沖縄市内へのモノレール整備だった。沖縄は長らく占領下にあったが、米国は占領政策の中でインフラ整備をしてこなかった。空港から市内までのアクセスがとても悪く、道路の拡張も難しかった。

そこでモノレールを導入し、交通の便を改善することにした。電車もない時代から一変し、やがて高速道路の整備やモノレールの延伸にこぎ着けた。

観光客が増えれば、レンタカーに頼らずモノレールで移動できるようにすればいい。これが筆者の考えるインフラ整備の一つの方法だ。沖縄の復帰50年を振り返ると、米国の占領政策が続かなかったことでインフラ整備に着手できて良かった。

沖縄は地政学的に要衝に位置しているため、米軍基地は必須だ。基地負担の対策としては沖縄の経済的自立を目指す必要がある。

防衛コスト面でも日米同盟は核心的利益

防衛を考える際、共同防衛と自主防衛のコスト面での優劣を検討することが重要だ。日米同盟と自主防衛体制に関するコスト比較には、2012年に防衛大学校の武田康裕・武藤功著『コストを試算！日米同盟解体—国を守るのに、いくらかかるのか—』（毎日新聞社）が参考になる。

同書では日米同盟によって日本に発生するコストを1・7兆円とし、同盟を解体して自主防衛で同程度の防衛力を整備する場合、コストが24〜25・5兆円に達すると試算されている。自主防衛コストには、貿易縮小などによる間接的な経済的悪影響が約20兆円含まれており、これに対する評価は立場によって異なるだろう。

しかし、日米同盟のコスト1・7兆円に防衛関係費約5兆円を加えた6・7兆円と比較すると、自主防衛時の24兆〜25・5兆円よりも格段に安上がりだ。そのため、コスト面からも日米安保による共同防衛体制を選択するのが現実的である。これまでみてきたように、戦争リスクを低下させる効果は、集団的自衛権を前提とした共同防衛の方が高い。これから見ても、日本が選ぶべき選択肢は自然に明らかとなる。

米国のトランプは相変わらず選挙戦で過激な発言を繰り返し、ＮＡＴＯや国連などの国際機関に対する米国の資金分担が不適切だと主張。欧州のＮＡＴＯ加盟国が防衛費をさらに負担しない限り、米国はロシアによる将来の攻撃から防衛しないとも述べている。日本、韓国といった同盟国に対しては、駐留米軍の負担増額を要求。特に日韓については、増額に応じない場合は米軍を撤退させ、最終的には両国に核兵器保有を容認する可能性についても言及している。

日本側が負担している駐留米軍費の割合は、２０１５年度時点で8割以上。韓国やドイツと比べても突出して多い。そんな中、日米両政府は２０２２年度から5年間の在日米軍駐留経費を日本が負担する「思いやり予算」を、単年度あたり２１１０億円に増やす方針で合意。自衛隊と米軍の共同訓練などにかかる費用項目を新たに設け、日米同盟の強化に資する経費と位置づけた。

もし米国からさらなる負担増を求められた際、日米安保を維持する立場での交渉は集団的自衛権の有無によって大きく変わる。日本が集団的自衛権を認めれば、米国側が日米安保条約で得られるメリットが増すため、日本側の負担増は抑制されるだろう。

一方、日本が集団的自衛権を認めないままならば、日米安保条約に対して米国側のメリットが薄れる。そのため、日本側の経済的負担が無限に増加するか、米軍が撤退するか、究極の二択になる恐れもある。

日米同盟の弱体化は米国の核の傘の信頼性を低下させるため、結局は核保有の流れになるだろう。これは日本人として心情的に受け入れがたい選択であることに加えて、核開発や核保有にかかるコストも無視できない。

核武装は日本の独立性を重視する政治的右派の多くが支持する論調だ。そのため右派論客からはトランプの当選を歓迎する意見も増えている。一方、集団的自衛権の行使容認に反対するリベラルな人々の中には、核武装に反対する意見も多い。しかし、彼らの主張が逆に日本の核武装を促す可能性があることをもう少し自覚する必要がある。

「核シェアリング」こそ最強の抑止力

米朝関係を考えた場合、北朝鮮が簡単に非核化を受け入れると考えるのは楽観視し過ぎというものだ。国際政治の常識から考えれば、安倍元首相が提起した「核シェアリング」

欧州における核シェアリングの現状

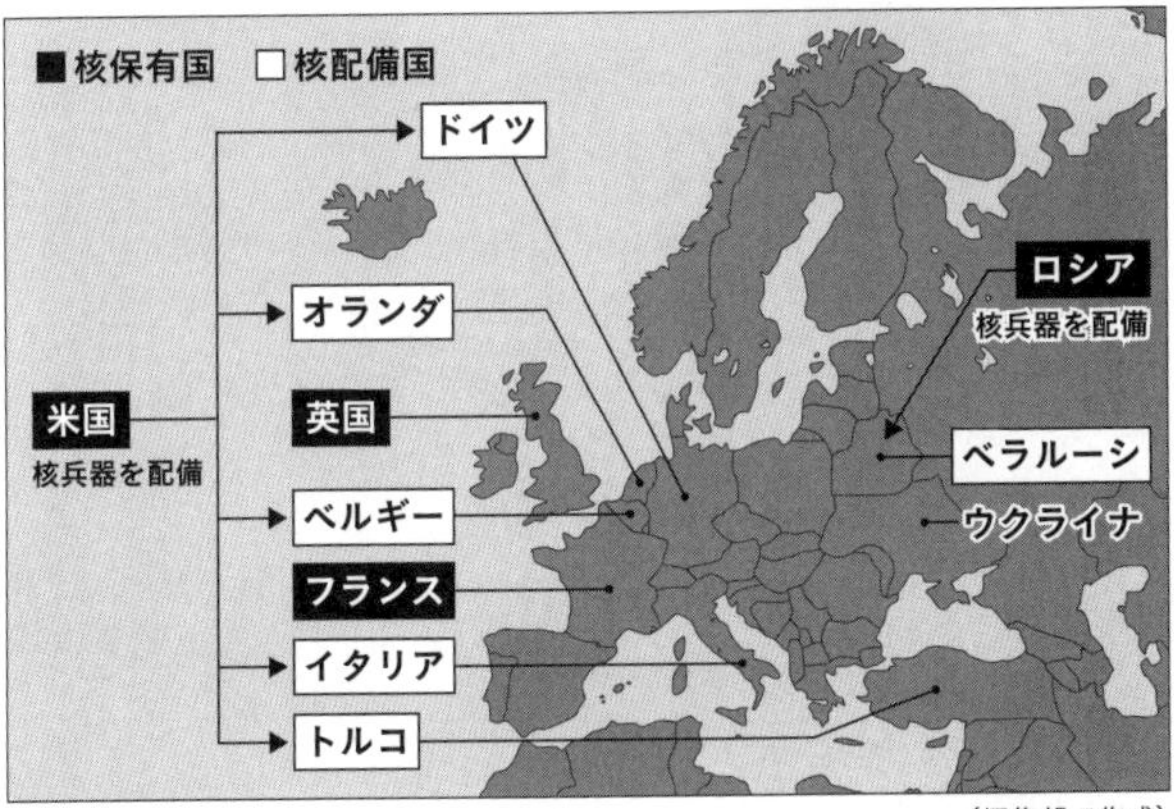

（編集部で作成）

の議論を進めなければならない状況になってきた。

核シェアリングとは、NATO加盟国が核抑止力を共有する仕組み。核兵器を保有している国（主に米国）が、非核加盟国に核兵器使用に関する協力や訓練を行う。ただし、実際の核兵器の管理・運用権は核保有国にある。これにより、非核国も核抑止力を使えて安全保障を強化できるのだ。

日本国民の中には「核」という言葉に敏感に反応する人も多いが、ここで求められているのは核開発を急ぐことではない。国際社会の中で、核シェアリングはすでにNATOで実施されている。具体的にはベルギー、ドイツ、イタリア、オランダ、トルコだ。

非核保有国が米国の核の運用計画に参加し、核管理のための基地を提供するかたちで米国の戦術核兵器が管理されている。ベルギーのクライネ・ブローゲル空軍基地、ドイツのビューヒェル航空基地、イタリアのアヴィアーノ空軍基地などがその例だ。

核シェアリングはＮＰＴの抜け穴だという批判も存在する。オバマ大統領がチェコのプラハで核廃絶を訴えた際、核シェアリングの解消を求める運動も起こった。米国の核を共有することで、その核戦略や戦争に巻き込まれる懸念は根強いのだ。

たしかにこれらの意見にも一理はあるが、北朝鮮の行動が予測不可能であることを考えると、核シェアリングの議論を排除することはできない。米国もいつ業を煮やすかわからない。北朝鮮をめぐる東アジアの動きは、かつてのソ連の核脅威以上に危険だ。

西側諸国がソ連の核の脅威にさらされていた時代、核シェアリングは結果的にソ連の核攻撃を抑止し、中距離核全廃条約やソ連崩壊に貢献した。つまり戦争回避に効果を発揮した実績がある。現在の危機においても、核シェアリングは選択肢の一つだ。

しかし、その実現は簡単ではない。なぜなら日本には「もたず、つくらず、もちこませず」という非核三原則が存在し、核シェアリングに関しては「もちこませず」という原則を見直す必要があるからだ。

基地を提供する核シェアリングと「もちこませず」の原則は、矛盾しているように見える。しかし、この原則は国際社会から見れば修正の余地が大きい。憲法は国の平和と発展のために存在するのであって、絶対に見直さないという姿勢は不合理極まりない。実際、戦後一度も憲法改正をしていない国は日本くらいだ。

日本の憲法学は時代遅れで、自衛隊を違憲と主張する憲法学者が多いことは外から見ればダブルスタンダードに映る。憲法は国民投票で決められるものであり、憲法見直しの議論を認めずに改正反対論だけを唱えることは、国民の権利への侵害としかいえない。

日本の防衛費はGDP比3%以上が妥当

では日本の防衛費はどれくらいが妥当なのだろうか。

たとえば以前、「現在の日本の防衛費のGDP比は0・95%だが、NATOの計算方式だと1・24%に相当する」といった話が報じられた。これは財務省がよく持ち出す話だ。世界基準で見れば、現状でGDP比1%を超えているので、防衛費を増額する必要はそこまでないという主張である。

さらに報道では、「海上保安庁（海保）の船は建設国債対象だが、海上自衛隊の船は対象ではない」といった主張もあった。海保の船は耐用年数が長いが、有事の際に攻撃を受ける海自の船は耐用年数が短い。そのため、国債で賄えないという理屈らしい。

だが、これらはすべて屁理屈だ。財務省はNATO基準や耐用年数の違いといったロジックを利用し、マスコミや一般市民を欺いているに過ぎない。

尖閣諸島が攻撃されれば、真っ先に撃沈されるのは海保の船だ。この点からみても、耐用年数を持ち出す財務省の論理はまったく通用しない。

近隣国との防衛費が均衡しているほど、戦争の確率は低くなる。したがって、中国、ロシア、北朝鮮という非民主主義国かつ核保有国が近隣にある日本も戦争抑止力を発揮するために必要な防衛費はどれくらいかを考えるべきだ。

特に中国の脅威は現実的に迫っている。2022年8月、中国によって発射された弾道ミサイル9発のうち5発が日本のEEZ内に落下した。これは日本の玄関先に脅迫文が届いたようなものだ。中国は以前から台湾を狙っており、その先には尖閣諸島がある。

こうした国が近隣に存在する日本の安全保障を考えた場合、NATO基準であっても、少なくとも防衛費はGDP比3%以上が妥当だといえる。

かつて仮想敵国は1国（ソ連）でGDP比1%だったが、いまや3国（北朝鮮、中国、ロシア）もあるのだから３％でも不思議ではない。ＮＡＴＯという世界最強の同盟ですらＧＤＰ比２％なので、日米同盟しかない日本ではそれ以上の防衛力が必要だ。

この水準を達成するには増税だけでは無理で、やはり防衛国債が最善の手法である。国債とは本来、長期にわたり国民に恩恵をもたらす投資に使われるべきものだ。会計的に見れば、有事には資産の毀損が起こるかもしれないが、それは他の政府資産でも同じこと。

平時には国債で賄った防衛費が抑止力となり、戦争の確率を減少させる。防衛国債は平和への投資といえるため、国債の性質にも一致する。財政悪化のリスクは少ない一方で、安全保障上のメリットは大きいのだ。

増税なしで防衛費を50兆円にする方法

日本の安全保障政策は現在、あまり芳しくない状況にあるといわざるを得ない。

２０２２年７月の参議院選挙後、第２次岸田内閣の人事で防衛大臣が岸信夫から浜田靖一に替わった。また浜田防衛大臣の指示で島田和久大臣政策参与は退職し、省顧問としてのみ留任。島田元参与はかつて安倍元首相の秘書官を務めており、岸元防衛相からの信頼も厚かった。日本の防衛力強化や防衛の長期計画の立案において適任の人材だった。

大臣政策参与は大臣に意見具申できる立場にあり、省顧問はどの省でも名ばかりの役職で実質的な役割や権限はない。島田元参与が岸田政権で大臣政策参与の職を解かれたことは、安倍元首相の「防衛国債で防衛費を増額する」という案に賛同していた人が追い払われたことを意味していた。この人事により、日本の安全保障は大きく後退した。

その結果、「防衛予算を増やすなら増税、増税がダメなら防衛予算は増やさない」という話に展開。財務省は常に増税を狙う傾向があるため、防衛費もその理由付けにされた。もし世論が強く反発すれば「増税なし、防衛費増額もなし」という選択肢が生まれてしまう。それもまた大きな問題だ。

その後、財務省主導で防衛増税を含む43兆円の枠組みが決定された。2023年4月、この枠組みに基づく防衛財源確保法案について、筆者は衆議院財務金融委員会と安全保障委員会の連合審査会で参考人として意見を述べた。

その際、筆者は考え得る四つの財源として①建設国債（数兆円規模）、②国債整理基金（約16兆円）、③外国為替資金特別会計（約30兆円）、④防衛版ふるさと納税（数千億円）の存在を明かした。

簡単に説明すると、まず建設国債については、これまで海の防衛のみを対象としていたが、陸と空の防衛もそれで賄うべきだと言及。また国債で防衛基金を賄うかたちが国際標準に合致すると指摘した。さらに日本は外貨準備が大きすぎるため、それを他の先進国並みに減らせば財源が生まれるとも主張。防衛版ふるさと納税は予算外の制度だが、税法に基づくため、議会統制や民主主義の観点から優れていることを述べた。

この四つの財源を組み合わせれば43兆円どころか、防衛増税なしで50兆円程度の増額にも対応できる。

２０２３年の国会参考人質疑では、全員が防衛力強化に賛成したが、筆者以外は防衛増税にも賛成していた。筆者だけが防衛増税に反対するのは、他に財源があると考えているからだ。日本の防衛力強化は望ましいが、増税が必要ないことは強調しておきたい。

理想的な米大統領との友好関係の築き方

２０２４年11月、トランプとハリスは米大統領選で雌雄を決した。２０２５年１月にはトランプが次期大統領になる。それによって今後の日本の安全保障がどうなるのかは、日米関係次第のところが大きい。

ここで思い出されるのが、安倍政権と第１次トランプ政権の関係性だ。２国間協定を結んだ当時は、米国から高い関税をかけられたことなどなかったし、在日米軍駐留経費の日本の負担額を引き上げる話も一切出なかった。トランプをうまいこと説得できたのは「ゴルフ外交」をはじめとした安倍元首相の外交手腕に他ならない。

その安倍元首相は「石破だけはダメだ」と評価していた。それは米国サイドにも伝わっているだろうから、トランプは石破首相とまともに会ってくれない可能性もある。事実、電話会談もすぐに終わり、ほとんど何も議論できていない様子だった。

結局、外交は人間関係が重要だ。安倍元首相はとにかく綿密に考えており、トランプ大統領との関係構築に様々な手段を用いた。

たとえば2016年11月、安倍元首相がトランプ・タワーで大統領になる直前のトランプと会談した。実は外務省はこの会談をセッティングしてくれなかった。そこで安倍元首相から「髙橋さん、ちょっと手伝ってほしい」といわれて、筆者と安倍元首相の共通の知り合いであるトランプ系の顧問弁護士を通じてトランプサイドにセッティングを依頼した。

また接触するに当たって、トランプが娘のイヴァンカの子アラベラを溺愛していることを知った安倍元首相は、当時流行していた日本の音楽で踊るアラベラの話題を出して場を盛り上げていた。

ほどなくして２人は意気投合。その前のオバマ政権の時は日米首脳会談の時間は40分程度しかなく、「何とか1時間まで延ばすのが大変だった」と安倍元首相は話していたが、トランプとの会談は結局２泊３日になった。それで日米関係がずいぶん変わったという。

石破首相は、安倍元首相のゴルフ外交を批判していた。筆者としては、せめてゴルフ外交は真似《まね》すればいいのにと思っている。このままでは、直接会っても仕方ないとトランプに思われてしまうだろう。そうなると、たとえば台湾や朝鮮半島で有事が起こっても「日本とアジアで何とかしろ」とトランプから突き放される恐れがある。

現状、日本でトランプとまともに話ができるのは二人くらいだろう。一人は麻生議員で、安倍元首相を通じてトランプと友だちだったこともあり、２０２４年４月に会談できた。もう一人は自民党総裁選で麻生議員が後見人を務めた高市早苗議員。今後、首相や議員は、堅苦しい交渉をするだけが外交ではないことを、肝に銘じてもらいたい。

エネルギー外交で過度な心配は不要

日本は長年、エネルギー調達を海外の資源国に依存してきた。その中で大きな割合を占めたのが中東の産油国なため、中東で何かが起こると石油危機だと騒ぐ人が一定数いる。

たとえば2014年6月、イラク情勢が悪化して原油価格が上昇。ガソリン価格が上がり、日本のエネルギー事情は中東情勢に常に影響されると実感した人も多いだろう。たしかにガソリンは原油価格に左右され、原油価格は中東情勢で変動する。中東情勢がガソリンの値上げに直結しているのは間違いない。そんな状況で原油価格が上昇すると、日本人はどうしても不安を抱くかもしれない。では、日本のエネルギー外交はどうあるべきかだが、問題は原油価格が経済全体にどれほど影響するかだ。

過去の例をみても、エネルギー価格の高騰は日本の景気に多大な影響を与えてきた。たとえば、1973年10月に中東の産油国が原油価格を70%引き上げたことにより発生した、第1次オイルショックがそうだ。

その際、1972年には前年比プラス4・9%だった消費者物価指数が、1973年にはプラス11・7%、1974年にはプラス23・2%まで急伸した。その結果、経済活動に急ブレーキがかかり、1972年の経済成長率が前年比プラス9・1%だったのに対し、1973年にはプラス5・1%と急減速。1974年にはマイナス0・5%まで落ち込んだ。さらに1978年、イラン革命の影響で第2次オイルショックが発生し、景気の低迷が続いた。

世界のエネルギー輸入価格の推移

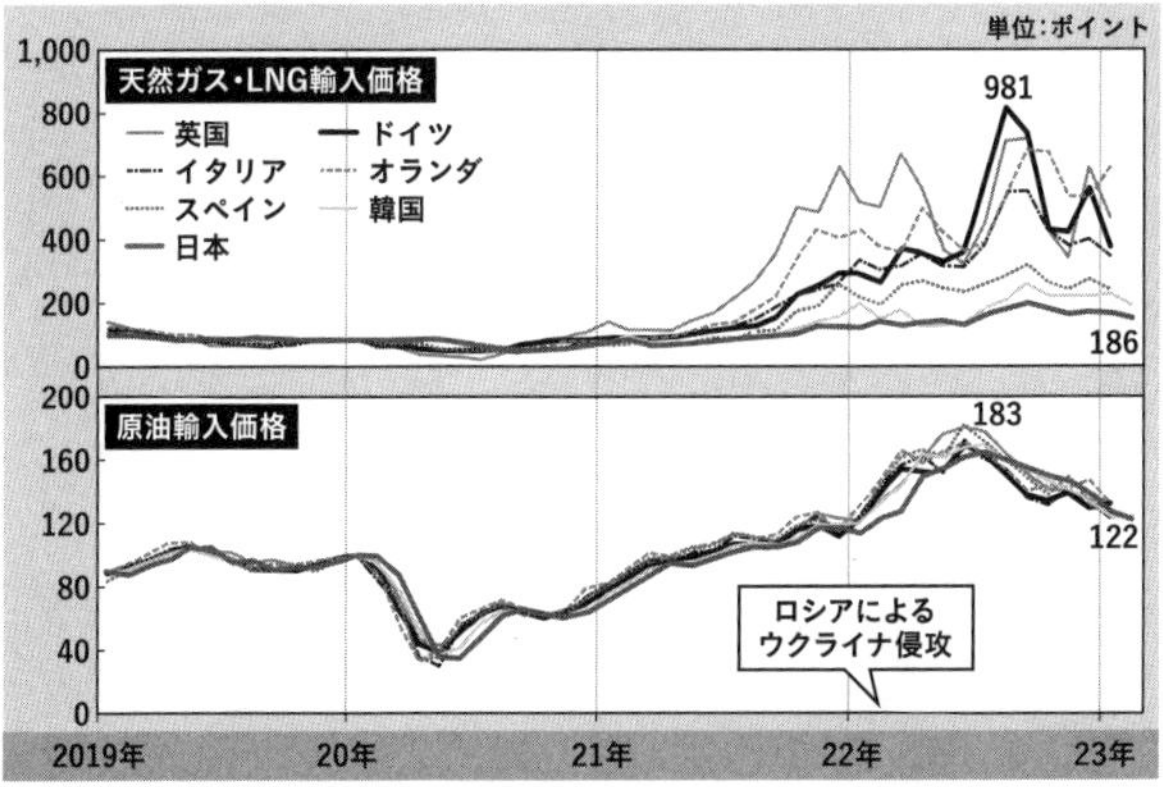

※2020年1月の数値を基準100とした指数　（資源エネルギー庁資料より）

このように、かつて石油危機で日本が困難を経験したという認識が一般的だが、実際は少し違う。中東情勢の悪化で原油価格は上昇するが、他の商品価格が必ずしも上がるわけではない。むしろ財布の中身が一定であれば、原油価格の上昇で他の消費を抑えざるを得なくなり、商品価格が下がることもある。これを「スイッチング効果」と呼ぶ。

当時、石油危機で全体的に物価が上昇したのは、日銀が金融政策を誤ったことが原因だった。物価はお金と物の量によって決まるもので、お金の量は日銀が決めるからだ。逆にいえば、日銀が適切な金融政策を採っていれば物価上昇は抑えられただろう。

こうした背景を理解していない人が、石油

危機を過剰に恐れているように見える。たとえ原油価格が上がっても、日本経済が崩壊するほどの破壊力はない。

加えて水力、地熱、風力発電といった自然エネルギー技術が進展している。かつてあまり普及しなかった太陽光発電が、現在では一般家庭に浸透してきている。他にも日本が自前でエネルギーを生む技術は日進月歩で進化している。

また、輸入エネルギーにも変化が見られる。シェールガス革命により、米国のシェールガスが自由化され、２０１７年から日本にも本格的に輸入されるようになった。

歴史をさかのぼれば、かつては石炭が主要エネルギーだった。それが原油に移行し、さらに原子力発電という技術も生まれたが、原発はコストが高すぎる。急に全原発を廃炉にするとさまざまな問題が発生するものの、いずれは自然淘汰されるだろう。

エネルギー分野では次々と技術革新が起こり、エネルギーの調達方法が変わってきたことは歴史が証明している。つまり、これまで原油に依存してきたからといって、これからもそうとは限らない。新しいエネルギー技術が石油に取って代わる可能性は非常に高い。

こう考えると、原油価格が日本経済に与える影響は、多くの日本人が思うよりずっと軽微だ。少なくとも、中東情勢の変化による原油価格の変動に対して、大騒ぎするのは近視眼的といえる。もちろん楽観しすぎてはいけないが、日本のエネルギー外交は過度に心配する必要がないし、中東の国々に過度に依存する必要もないのだ。

「ポートフォリオ理論」でエネルギー革新へ

2024年4月、G7の気候・エネルギー・環境相会合は、CO_2排出削減対策が施されていない石炭火力発電を2035年までに段階的に廃止することで合意した。

採択された共同声明には、温暖化ガス排出量を実質ゼロにする「ネットゼロ」への道筋に基づき、気温上昇を1・5度に抑える目標に沿った時間軸が盛り込まれている。

石炭は他の燃料に比べて炭素集約度が高く、有害な窒素酸化物や硫黄酸化物を排出するため、環境悪化の原因とされている。しかし、それらの排出が抑制されれば、石炭はその経済性と供給安定性の優位性を生かせる上に各国のネットゼロとも矛盾しない。

東日本大震災後、日本では脱原発が強く主張されたが、エネルギー政策を主義や主張だけで論じることは危険だ。技術の進歩によるコスト低下や国際的な環境変化など、何が起こるかわからないからだ。

2011年、ドイツは原発の廃止を決定した。その結果、太陽光や風力発電への依存度が高まり、それらに翻弄《ほんろう》される状況を生み出した。電力供給維持のために隣の原発大国フランスから電力を輸入しつつ、ロシア産の天然ガスにも過度に依存した。これがロシアによるウクライナ侵攻によって、裏目に出たことは歴史的教訓となった。

石炭火力についても同様だ。日本には幸いにも石炭火力で有害物質の排出を抑える新技術がある。そのため、ネットゼロの枠組みの中で既存の石炭火力を更新するか、他のエネルギーにするかという選択ができる。

一方、欧米は技術的制約から石炭火力設備の新技術への更新ができないため、既存の石炭火力を廃止し、他のエネルギーを導入する選択しかできない。これが大きな違いだ。

現状、日本では再エネ価格が高く、発電量が不安定で制御は難しい。また再エネへの過度な依存は事実上、中国依存となって経済安全保障の観点からリスクが生じる。日本のエネルギー政策において、安定供給の観点から石炭の一定活用は合理的な選択肢といえる。

世界には石炭火力発電を選ばざるを得ない国々も存在する。日本が持つ高効率な発電技術を輸出すれば、途上国の発展とネットゼロへの貢献ができる。

日本の最先端技術を中国やインドなどのアジア諸国や米国の石炭火力に適用すれば、CO_2削減効果は日本の排出量に匹敵するという試算もある。

たとえば愛知県の碧南火力発電所では、世界初の取り組みとして、CO_2を出さない火力発電技術の実証実験が進められている。

エネルギー政策は、リスクの最小化とリターンの最大化を目指し、さまざまなエネルギー源をバランスよく活用する「ポートフォリオ理論」に基づく発想が重要だ。それがエネルギーの安定供給に寄与し、地政学リスクの低減に繋がる。

エネルギー安保は核融合が望ましい

自動車を巡る規制は各国の覇権争いで、しばしば方針が変わりうる。さらに、地政学で重要なエネルギー問題にも関わってくる。トランプは、バイデン政権の重要政策である電気自動車（ＥＶ）普及義務について、大統領に就任したら初日で終了すると述べていた。

そもそも、ＥＶ化が本当に環境に優しいのかどうかは定かではない。発電の４分の３は石炭、液化天然ガス（ＬＮＧ）、石油などの化石燃料に依存しているため、電気を作る過程で大量のCO_2が発生するからだ。

CO_2を排出する電気で走るＥＶと、カーボンニュートラルの合成燃料によってCO_2排出量を抑えたエンジン車では、社会全体で見ればどちらが環境に優しいのか。容易に断言できない。このように環境問題を口実にしながら、自動車メーカーは世界覇権を争っており、それが欧米における自動車規制に反映されているのが実情だ。

その点、トランプのスタンスは明確だ。環境政策を重視する民主党とは対照的に、環境規制に反対の立場をとっていた。今後トランプ政権は、気候変動問題に関する国際的な枠組みであるパリ協定からの再離脱は確実だ。

またトランプは選挙公約として「ドリル、ベイビー、ドリル」、すなわち米国内の化石燃料を積極的に開発する方針を掲げていた。これが実現すれば、米国は世界最大のエネルギー供給国となり、エネルギー価格の低下と安定化が見込まれる。

国際政治においては、脱炭素化を完全に否定する方向には進まない可能性もある。日本は欧米諸国のさまざまな政策変更に柔軟に対応していく必要がある。そのためEV一筋でもEV完全拒否でもなく、状況に応じた柔軟さが求められる。

EVは超長期的に見れば普及する可能性が高い。電気は扱いやすいエネルギーであるため、さまざまな製品で進む電化の波は自動車にも及ぶと予想される。これは石油ストーブがエアコンに置き換わったのと同様の流れだ。各家庭で充電できるという点は、ガソリン車にはないEVの大きなメリットである。

ただし、ＥＶ化が一直線に進むわけではない。仮に世界的にＥＶ化路線が継続したとしても、電力の安価な生産方法を確立しなければ国内需要が喚起されず、逆に日本の国力を損なう結果になりかねない。

米国がエネルギー供給国となり、エネルギー価格が安定することは、日本にとって好ましい状況だ。その中で環境に配慮した小型モジュール原子炉（ＳＭＲ）をつなぎとして活用しながら、２０３０年代以降の核融合時代への橋渡しをすることが望ましい。

技能実習法と入管法改正は愚策の「移民法」

２０２４年4月の衆議院議員補欠選挙の裏で、実質的に「移民法」ともいえる重要な制度改正が国会で審議されていた。しかし、この問題は大々的には報じられなかった。

この改正では技能実習制度を廃止して、「育成就労」という新たな制度を導入した。育成就労制度では、試験などの条件を満たすことで、特定技能1号として最長5年間の就労が認められる。その後、在留資格の更新に制限がない2号へ移行することができ、家族の帯同や将来の永住権申請も認められるようになった。

この改正により、外国人永住者が増加する可能性はあるが、もし税金や社会保険料の未

日本における外国人労働者の推移

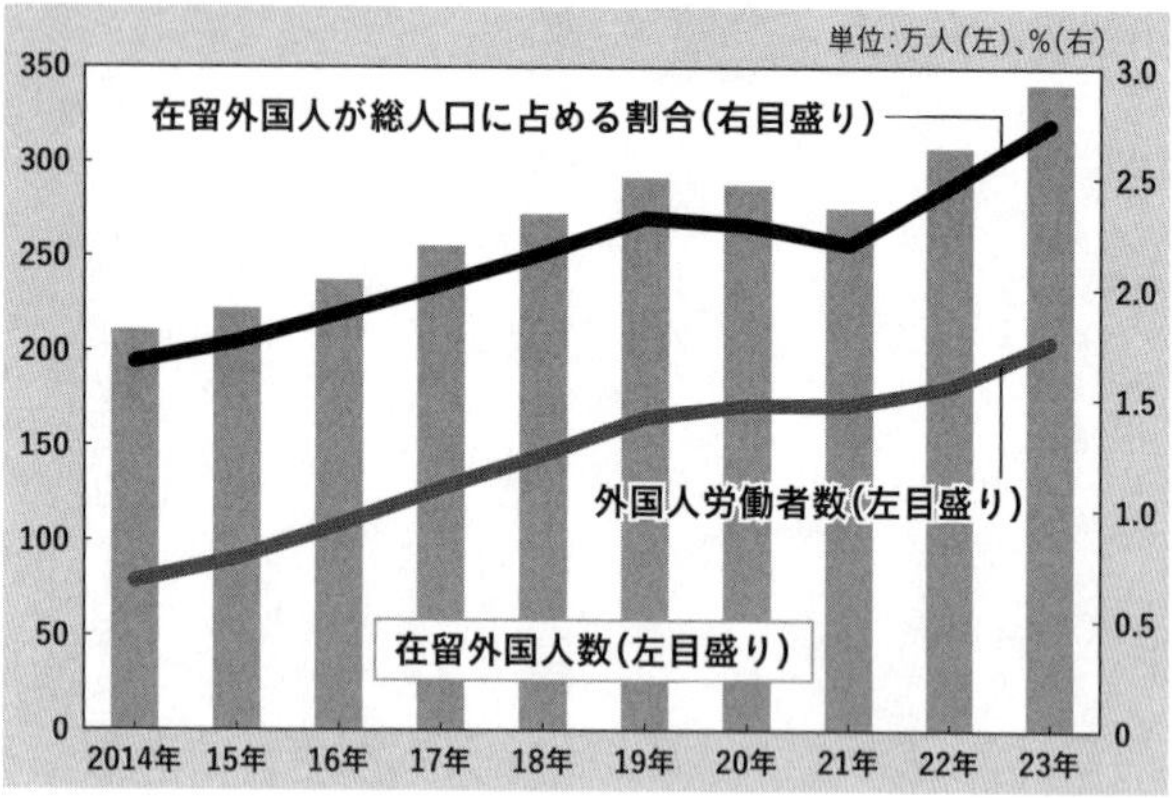

（出入国在留管理庁資料より）

払いがあって国内での在留が適当でないと判断されれば、永住許可の取り消しもできるようになった。一見すると、悪名高い技能実習が廃止されることで改良のように見える。

それまでの技能実習は国際貢献を建前としながら、実際には安価な労働力の受け入れが目的だった。しかし今回の改正では、その本音が前面に出てきただけだ。

筆者が問題視しているのは、育成就労（旧技能実習）から特定技能、永住権へ至る流れである。これをみる限り、今回の技能実習法と出入国管理法の改正は実質的に移民法だ。

一般的に先進国では、外国人の受け入れは短期と長期で明確に区別されている。しかし日本では、短期と長期の区別があいまいになってしまった。

他国の例をみると、こうした条件は形骸化しやすい。たとえば大学卒業資格に関しても、問題となった小池百合子東京都知事のカイロ大学卒業の件のように、相手の大学が卒業と認めれば、それに従わざるを得ない状況がある。世界の制度は国ごとに異なり、形式的な審査で不正を防ぐのは難しいのだ。

今回の制度改正の基礎となったのは、２０２３年11月に法務省が発表した報告書である。その中で筆者が奇妙に感じたのは、「外国人材に我が国が選ばれるようにすること」や「外国人との共生社会の実現を目指すこと」という趣旨が記されている点だ。

大前提として、日本が外国人を選び取るシステムを作るべきであり、外国人に日本を選ばせるために資金を投入するのは、制度設計として適切ではない。

時代錯誤な「共生社会の実現」で国益損失

一部の欧米諸国の真似事である「共生社会の実現」という考え方は、時代遅れだ。実際、欧米では共生社会を目指した結果、文化や風習が大きく異なる外国人との間で摩擦が生じ、社会問題となっている。

移民人口比と経済成長率の関係

単位：％

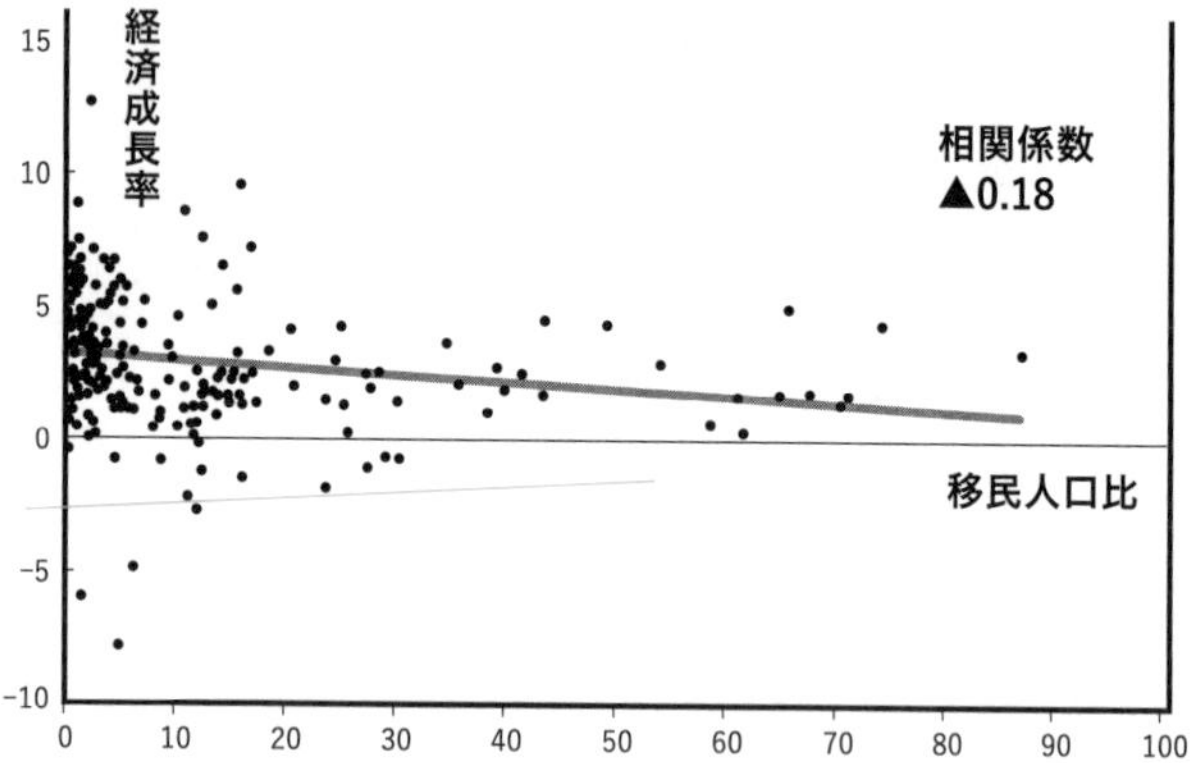

（国連資料より）

もし仮に外国人受け入れが経済成長に貢献するのであれば、それに対応する政策が考えられるだろう。一般的に、外国人受け入れは国内の社会保障制度に負担を与えるが、経済成長によってそのマイナスを補うことができれば外国人受け入れも一つの選択肢となり得る。そこで筆者は、移民人口比と経済成長の関係を調べてみた。

国連のデータを基に2010年から2022年の各国の移民人口比と経済成長率をプロットした結果、移民が経済成長に寄与するという明確な傾向は見られなかった。逆に、移民人口比が高い国は経済成長しないという相関もなかった。

移民政策を推進すれば移民人口は増加する

が、経済成長とは無関係ばかりか、社会的コストが増加してしまう。特定業界での労働コストが低下し、その結果、賃金上昇が抑制されてしまうという問題も発生することが判明。

2018年11月19日付の「現代ビジネス」のコラム記事でも、外国人労働者を受け入れた業界で賃金上昇率が低下しているという実証分析を紹介。移民は受け入れ企業にはメリットがあるが、その業界の日本人労働者にとっては大きな不利益だ。社会保障コストがかかり、さらには社会不安を招く可能性もある。

2024年5月、バイデンは日本や中国の経済が低迷している理由として「外国人嫌いで移民を望んでいないからだ」と発言。これに対し、日本政府は「事実に基づかない発言があったことは残念だ」と述べ、日本の移民政策について説明した。

しかし、もし日本政府が今回の制度改正で「移民を受け入れる」と説明していたなら、それは大問題となるだろう。それが日本にとっていかに大きな問題をはらんでいるかは、移民受け入れに積極的とされる竹中平蔵ですら問題点を指摘しているほどだ。

特に「外国人受け入れに関する基本戦略」の策定は重要であり、筆者は外国人受け入れに際して、社会保障の適用について原則として相互主義を導入すべきだと考えている。相互主義とは、相手国の自国民に対する扱いと、自国における相手国民に対する扱いを同じようにすることだ。

そうでなければ、生物界で外来種に在来種が駆逐されるように、日本の社会保障制度が崩壊してしまう可能性がある。国民がこの移民問題の深刻さに気付いた場合、欧米のように国政選挙に影響を与えて右傾化が進む可能性もある。

前章では経済に関する国内政策や通商政策、本章では安全保障に関わる政策を提言してきた。次の終章では日本に喫緊に迫る危機的事案について解説する。

終章　喫緊に迫る「危機」と未来の「希望」

朝鮮半島の「南北道路爆破」は嵐の前触れ

日本の周辺には、中国、ロシア、北朝鮮といった非民主主義国家が隣接しており、地域は非常に危険な状況にある。これらの国が民主主義国家に移行すれば、日本の安全保障環境は大幅に改善する。しかし、それは体制の崩壊を意味するため、実現は期待できない。そうした状況下で、いま日本にとって最も気がかりなのが北朝鮮の動向だ。

２０２４年10月、北朝鮮内で二つの「南北連結道路」と呼ばれる道路が爆破された。一つは北朝鮮の西側にある京義（キョンウィ）線、もう一つは北朝鮮の東側の海岸沿いを走る東海（トンヘ）線で発生した。

もともと南北連結道路は日本統治時代に建設された鉄道と道路で、韓国と北朝鮮の関係が良好だった時期に再整備された。要は南北協力の象徴ともいえる存在だ。

現代において、東アジアの不安定要因は北朝鮮の存在だ。北朝鮮の経済失政は明白で、国民の食糧事情も厳しい状況にある。北朝鮮社会は不安定で、国民の不満や不安が蓄積されているため、戦争の可能性が高まっている。現時点で北朝鮮は、ミサイルの本格運用が始まるまで大きな動きは見せないだろうが、核兵器を保有している。

リアリスティックに考えると、北朝鮮と韓国が合併してホールディングカンパニーのようになる可能性もある。実際に韓国が極左の文在寅政権の頃はそのリスクが高まっていた。もし北朝鮮主導で南北統一すれば、核兵器がすべて日本側に向いてしまうことになる。北から南へミサイルが発射されれば日本に届く距離になる。いまはもう叶《かな》わないが、安倍元首相と金正恩が話し合いを持ち、非核化を実現できていたなら良かった。

朝鮮半島から核兵器を撤去する話は、中国やロシアも歓迎するはずだ。中国は北朝鮮が核を持てば自国に影響が及ぶため、不安を抱いているからだ。日本がイニシアティブを持ってこの問題に取り組めば、中国やロシアも賛成してくれるだろう。

当時、安倍元首相は仮に北朝鮮が韓国を呑み込んでも、拉致問題が解決でき、非核化さえ実現できればいいと考えていた。朝鮮半島は中国、ロシアと日本の緩衝地帯だから、非核化さえできれば現状は日本にとって悪くないとみていたようだ。もちろん韓国が北朝鮮を呑み込むことが望ましい。しかし文在寅前大統領は融和的だったが、次の尹錫悦大統領は強硬的になるなど、今後どうなるかわからない状態になっている。

いずれにせよ、朝鮮半島全体が社会主義国になると日本との経済関係も厳しくなる。仮に日本企業が進出したとしても、資本が次々に奪われてしまうだろう。社会主義国では、日本企業は所有権を持てないからだ。朝鮮半島の動向に対して注視せざるを得ない。トランプ政権の出番が出てくるだろう。

北朝鮮のウクライナ派兵で「ダブル有事」

北朝鮮は大陸間弾道ミサイル（ICBM）の発射を続ける一方で、兵士をロシアとウクライナの戦争の最前線に派遣している。その理由は2024年6月に北朝鮮とロシアの間で「包括的戦略パートナーシップ条約」を締結したからだ。

これは両国の有事における相互軍事支援を含む条約であり、事実上の軍事同盟とみなされている。もっとも、金正恩総書記は「同盟」と表現しているが、プーチン大統領はそのように述べておらず、両国間には微妙な温度差が見られる。それでも、今回の北朝鮮によるロシア支援は条約の実行に他ならない。

一方で韓国はウクライナに武器支援を行っており、北朝鮮と韓国の間で間接的な戦闘が繰り広げられているともいえる。北朝鮮がロシアへの支援をさらに拡大すれば、韓国も対応を迫られ、現地に兵士を派遣する可能性も出てくる。韓国と北朝鮮がウクライナで火花を散らすことになりかねず、それは近い将来の朝鮮半島有事を予見させるものだ。

もし朝鮮半島で有事が発生すれば、北朝鮮と同じ陣営である中国とロシアも行動を起こしてくる可能性があるので、日本有事は目前の危機となる。中国による台湾有事が起きれば、日本はまさに「ダブル有事」に直面しかねない。

北朝鮮のロシア支援に対して、NATO加盟32カ国は共同声明で「欧州・大西洋の安全保障に深刻な影響を及ぼし、インド太平洋地域にも影響を及ぼす」と警告。これにオーストラリア、日本、ニュージーランド、韓国、ウクライナも支持を表明している。

しかしNATOの本音としては、ロシアや北朝鮮が軍事的な行動を強化した場合、自分たちも積極的に対応せざるを得なくなることに懸念を抱いているように見える。アジアの問題までは面倒みきれないからアジアで処理してくれという立場だ。

もっとも、金正恩はトランプとの再対話を望んでいるだろう。トランプからみても、北朝鮮の切り崩しが一つの選択肢となるかもしれない。ウクライナの状況を含めて世界が大きく変わることも予想される。

いずれにせよ、日本の安全保障という観点では、米国との関係を深めることが、中国、ロシア、北朝鮮といった非民主主義国家との戦争を避けるために重要だ。

そのためにはトランプに対応できる政治家が必要で、それは左に寄りすぎている首相では難しい。安倍元首相のようにトランプとうまく関係を構築できればまったく問題ないが、まさに首相次第だといえる。

日米同盟の強化や集団安全保障体制の構築もさることながら、中国、ロシア、北朝鮮が相互に協力しないようにくさびを打ち込むことも重要だ。最も交渉しやすいのは北朝鮮だが、それには拉致問題の完全解決が前提となる。

極東地域に手が回らないロシアとも交渉する余地はある。安倍元首相の場合、三正面作戦（中国、ロシア、北朝鮮）を避けるため、まずはロシアとの関係改善を試みていた。しかし、これはウクライナ侵攻の発生前のことで、西側諸国と基本的には同調しつつ個別問題では柔軟な姿勢だったが、このアプローチを再び試みることも一つの方法だ。

スウェーデンとフィンランドのＮＡＴＯ加盟によりバルト海が封鎖されたことで、ロシアが極東を重視する可能性が高まっている。そのため、日本にとってもチャンスがある。

いずれにせよ、対ロシア、対中国の戦略だけでなく、極東アジア全体を俯瞰して広い視点で戦略を考えることが必要だ。

おわりに

「戦争は外交の失敗」という言葉がある。誰が最初に言い出した言葉かは諸説あるが、おそらく読者のほとんども、戦争は避けられるのなら避けたいと思っていることだろう。

カントの民主的平和論、ラセットとオニールの平和の5要件をはじめ、人類は長い歴史の中で戦争を回避するための理論を打ち立ててきた。しかし、愚かにもそこから何も学ばず、なおも戦争が起きている。

特にいまは過去に類を見ないほどに、世界情勢が大きな転換点を迎えている。老後を悠々自適に過ごそうと考えている読者にとっても、決して他人事ではない。目の前に再び「戦争」の2文字がちらついており、日本はその瀬戸際に立たされているのだ。

60歳以上の読者に大切なのは、学ぶ姿勢を止めないことだ。国際関係、政治経済、地政学などから戦争の歴史や原因、平和理論を学び、国内外の情勢を鑑みた上で政治家を選び、それらの知識を今度は孫世代へ伝えていくことが望ましい。

最後に、わが国の安全と繁栄、そして読者の皆さんの健康で幸せな人生を願って、本書を締めくくりたい。

参考文献一覧

高橋洋一『バカな外交論』（あさ出版、２０１４年）
高橋洋一【図解】図25枚で世界基準の安保論がスッキリわかる本』（すばる舎、２０１６年）
高橋洋一『日本を救う最強の経済論』（育鵬社、２０１７年）
高橋洋一『朝鮮半島終焉の舞台裏』（扶桑社、２０１７年）
高橋洋一『韓国、ウソの代償　沈みゆく隣人と日本の選択』（扶桑社、２０１９年）
高橋洋一『外交戦～日本を取り巻く「地理」と「貿易」と「安全保障」の真実～』（あさ出版、２０１９年）
高橋洋一『ファクトに基づき、普遍を見出す　世界の正しい捉え方』（ＫＡＤＯＫＡＷＡ、２０２０年）
高橋洋一『「外交オンチ」が日本経済を破壊する！間違いだらけの日本の「経済安全保障」』（清談社Ｐｕｂｌｉｃｏ、２０２２年）
高橋洋一『安倍さんと語った世界と日本』（ワック、２０２２年）
高橋洋一『世界の「今」を読み解く！【図解】新・地政学入門』（あさ出版、２０２２年）
高橋洋一『円安好況を止めるな！　金利と為替の正しい考え方』（扶桑社、２０２３年）
高橋洋一『数字で話せ！「世界標準」のニュースの読み方』（エムディエヌコーポレーション、２０２３年）
高橋洋一『60歳からの知っておくべき経済学』（扶桑社、２０２４年）
高橋洋一『日本はどこに向かおうとしているのか　国家予算とデータから解き明かそう！』（徳間書店、２０２４年）

※右記のほかに、筆者のＹｏｕＴｕｂｅチャンネル「髙橋洋一チャンネル」を参照。
本文中のデータの多くは国内外の各省庁、国際機関が公開している内容から抜粋。
公知の事実関係については、各通信社や新聞社、メディアを参照。

高橋洋一（たかはし よういち）
1955年東京都生まれ。数量政策学者。嘉悦大学ビジネス創造学部教授、株式会社政策工房代表取締役会長。東京大学理学部数学科・経済学部経済学科卒業。博士（政策研究）。1980年に大蔵省（現・財務省）入省。大蔵省理財局資金企画室長、プリンストン大学客員研究員、内閣府参事官（経済財政諮問会議特命室）、内閣参事官（内閣総務官室）等を歴任。小泉内閣・第一次安倍内閣ではブレーンとして活躍。「霞が関埋蔵金」の公表や「ふるさと納税」「ねんきん定期便」などの政策を提案。2008年退官。菅義偉内閣では内閣官房参与を務めた。『さらば財務省！』（講談社）で第17回山本七平賞受賞。その他にも、著書、ベストセラー多数。
YouTube「髙橋洋一チャンネル」の登録者数は122万人を超える。

扶桑社新書 520

60歳からの知っておくべき地政学

発行日 2025年1月1日　初版第1刷発行
2025年1月30日　第2刷発行

著　者………髙橋洋一
発 行 者………秋尾弘史
発 行 所………株式会社 扶桑社
〒105-8070
東京都港区海岸1-2-20 汐留ビルディング
電話 03-5843-8843（編集）
03-5843-8143（メールセンター）
www.fusosha.co.jp

装　丁………竹下典子（扶桑社）
DTP制作………Office SASAI
印刷・製本………株式会社 広済堂ネクスト

Printed in Japan　ISBN 978-4-594-09929-9